Educação Financeira

Como Planejar, Consumir, Poupar e Investir

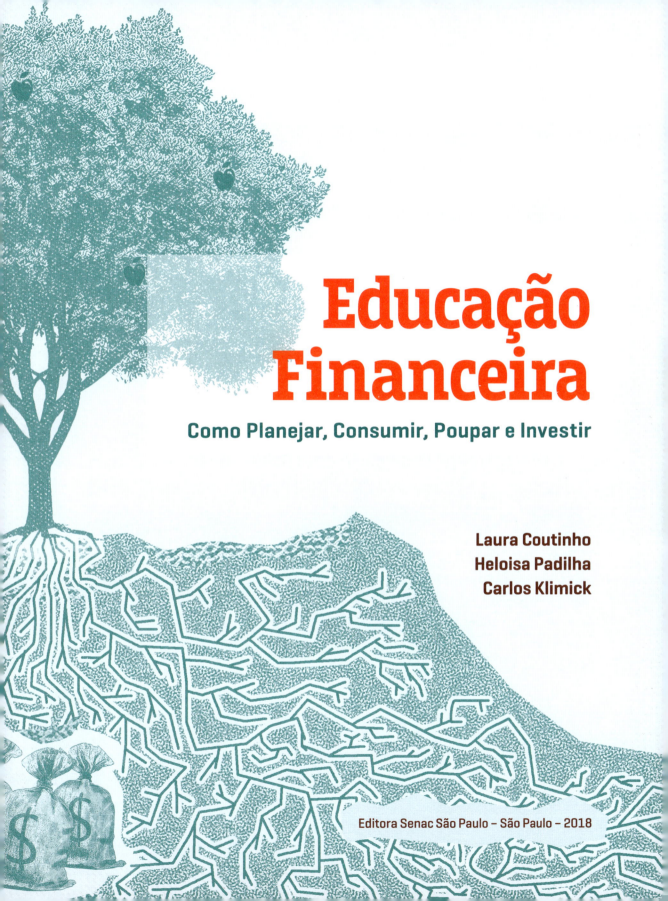

Administração Regional do Senac no Estado de São Paulo
Presidente do Conselho Regional: Abram Szajman
Diretor do Departamento Regional: Luiz Francisco de A. Salgado
Superintendente Universitário e de Desenvolvimento: Luiz Carlos Dourado

Editora Senac São Paulo
Conselho Editorial: Luiz Francisco de A. Salgado
Luiz Carlos Dourado
Darcio Sayad Maia
Lucila Mara Sbrana Sciotti
Luís Américo Tousi Botelho

Gerente/Publisher: Luís Américo Tousi Botelho
Coordenação Editorial: Verônica Pirani de Oliveira
Prospecção: Andreza Fernandes dos Passos de Paula, Dolores Crisci Manzano, Paloma Marques Santos
Administrativo: Marina P. Alves
Comercial: Aldair Novais Pereira
Comunicação e Eventos: Tania Mayumi Doyama Natal

Consultoria técnica: Vera Rita de Mello Ferreira e Andre Furtado Braz
Produção editorial: Wanessa Nemer
Projeto gráfico, capa, diagramação e ilustrações: Nú-Dēs_Núcleo de Comunicação Visual
Copidesque: Joel Ghivelder
Revisão: Sonia Cardoso e Alexandre Rodrigues Alves
Impressão e Acabamento: Gráfica Serrano

Dados Internacionais de Catalogação na Publicação (CIP)
(Jeane Passos de Souza – CRB 8ª/6189)

Coutinho, Laura
Educação financeira: como planejar, consumir, poupar e investir
/ Laura Coutinho, Heloisa Padilha, Carlos Klimick. – São Paulo :
Editora Senac São Paulo, 2018.

Bibliografia.
ISBN 978-85-396-2305-1 (impresso/2018)
e-ISBN 978-85-396-2058-6 (PDF/2018)

1. Administração financeira 2. Educação financeira 3. Finanças
pessoais – Planejamento 4. Planejamento financeiro I. Padilha,
Heloisa. II. Klimick, Carlos. III. Título.

| 18-798s | CDD-332.024 |
| | BISAC BUS050000 |

Índice para catálogo sistemático:
1. Finanças pessoais : Planejamento : Economia
financeira   332.024
2. Planejamento financeiro : Finanças pessoais : Economia
financeira   332.024

Proibida a reprodução sem autorização expressa.
Todos os direitos desta edição reservados à
Editora Senac São Paulo
Av. Engenheiro Eusébio Stevaux, 823 – Prédio Editora
Jurubatuba – CEP 04696-000 – São Paulo – SP
Tel. (11) 2187-4450
editora@sp.senac.br
https://www.editorasenacsp.com.br

© Editora Senac São Paulo, 2018.

Nota do Editor

A Educação Financeira é reconhecida hoje como tema essencial na formação de jovens e adultos. Pesquisas constatam as dificuldades das pessoas em cuidar do próprio dinheiro, equilibrar orçamentos, evitar dívidas e poupar. Sabem que decisões de compras impensadas geram desperdícios e dívidas que se acumulam, sabem que o dinheiro não vai sobrar no final do mês, mas não conseguem manter um equilíbrio entre ganhos e gastos.

Considerando que o público-alvo deste livro é abrangente, formado por jovens que estão se preparando para entrar no mercado de trabalho e por adultos que já exercem sua profissão há algum tempo, nosso objetivo é apresentar temas fundamentais da educação financeira. Os assuntos são trabalhados em situações do cotidiano, destacando os erros mais comumente cometidos no cuidado com o dinheiro e, na sequência, indicando hábitos financeiros saudáveis.

Com esta publicação, o Senac São Paulo espera contribuir para que profissionais de diversas áreas e o público em geral possam planejar melhor sua vida financeira e reunir condições para alcançar metas e sonhos.

SUMÁRIO

APRESENTAÇÃO, 8

1. COMPRAS POR IMPULSO: QUEM NUNCA FEZ?   13
E como faço para controlar melhor os meus gastos?, 17

2. À VISTA OU A PRAZO, EIS A QUESTÃO   27
Faço a compra à vista ou a prazo?, 30
Cartões de débito e de crédito, 32
Cuidados com cartão de crédito e débito, 33

3. CRÉDITO: USE COM MODERAÇÃO   39
Relações entre poupadores, gastadores e os bancos, 42
Financiamentos e empréstimos, 43
Tipos de juros, 45
Juros simples e compostos, 47

4. DIREITOS DO CONSUMIDOR: MODOS DE USAR   53
Exercendo nossos direitos, 59
Sistema Nacional de Defesa do Consumidor, 60

5. NÃO TROQUE O CERTO PELO DUVIDOSO   69
Receitas fixas e variáveis, 72

6. QUEM TUDO QUER TUDO PERDE   81
Despesas fixas e variáveis, 84
Categorização de despesas, 85
Fechando o orçamento, 89

7. POUPANÇA: DE GRÃO EM GRÃO...   97
Planejando para poupar, 100
Não basta planejar, é preciso cumprir o planejado!, 102
Como ficam os imprevistos em um planejamento?, 103

8. QUEM SÓ OLHA PARA TRÁS BATE NO POSTE — 111

Obtendo estimativas confiáveis, 113

Problemas mais comuns das estimativas intuitivas, 117

9. QUEM SEMEIA HOJE COLHE AMANHÃ — 123

Risco × retorno, 128

Perfil do investidor, 129

Tipos de investimento, 131

Conta de poupança, 132

Fundos de investimentos, 134

10. SEGURO MORREU DE VELHO — 141

Conhecendo os termos do seguro, 144

Contratando o seguro, 146

11. APOSENTADORIA: VOCÊ AINDA VAI TER UMA — 155

Previdência Social e aposentadoria, 159

Previdência Complementar, 163

12. DINHEIRO PÚBLICO: A UNIÃO FAZ A FORÇA — 169

Espaços públicos, 172

Orçamento público, 173

GLOSSÁRIO, 179

REFERÊNCIAS, 187

AGRADECIMENTOS, 191

Apresentação

Somos o Carlos, a Heloisa e a Laura, e estamos aqui para ajudar você a administrar melhor a sua vida financeira. Em nossas andanças pelo Brasil para falar com as pessoas sobre este assunto, sabe qual é uma das primeiras coisas que costumamos ouvir? Que educação financeira é para os ricos, porque eles é que têm dinheiro de sobra. Se você também pensa assim, prepare-se para uma ótima notícia: educação financeira é para todo mundo! Acompanhe aqui este raciocínio: na vida, recebemos dinheiro com o qual fazemos compras e pagamos contas. Então, todos nós enfrentamos o desafio de fazer o dinheiro que entra se equilibrar com o dinheiro que precisa sair. Pois bem, e se houver maneiras de fazer esse equilíbrio funcionar melhor e, como resultado, começar a sobrar algum dinheiro? Nada mal, não é mesmo?

Foi com essa ideia na cabeça que nós sentamos para escrever este livro para você. O nosso desejo é que você possa administrar a sua vida financeira a partir de um planejamento que combine o desenvolvimento da sua carreira profissional com a conquista de seus sonhos. Veja, a seguir, como organizamos o livro, de modo que ele seja uma verdadeira jornada de conquista de boa gestão de sua vida financeira.

O livro está estruturado em **doze tópicos**. Cada tópico começa com um texto que apresenta o conteúdo financeiro de forma divertida, em situações do nosso dia a dia. O objetivo é mostrar como os tópicos da vida financeira estão presentes em diferentes aspectos da vida cotidiana das pessoas e não são um bicho de sete cabeças.

Texto de introdução ao tópico

Texto de estudo do tópico – conteúdos de educação financeira relacionados e alertas para armadilhas

Indo mais fundo – texto de aprofundamento do tópico e alertas para armadilhas

Para saber mais – indicações de sites para você continuar aprendendo

Que tal? – sugestões de atividades para você experimentar aplicar os conhecimentos e adquirir novos hábitos

Faça sua análise – lista de competências que se espera que você tenha desenvolvido

Depois deste texto inicial, vamos apresentando os conteúdos de educação financeira relacionados ao tópico, com exemplos concretos e com uma série de orientações passo a passo para você aprender a lidar com suas finanças com confiança. Nessa parte, começamos a indicar algumas armadilhas que são maus hábitos e falhas de percepção com potencial para nos confundir e prejudicar a boa gestão da nossa vida financeira.

Em seguida, vem a seção *Indo mais fundo*, em que apresentamos mais alguns conteúdos de educação financeira relacionados com o tópico e alertamos a respeito de outras armadilhas que podem nos pegar de surpresa se não soubermos reconhecê-las a tempo. Nem tudo em educação financeira se resume a fazer contas, há também outras coisas para se pensar e vários cuidados para aprendermos a tomar. É disso que tratam as armadilhas.

Complementando esses textos, a seção *Para saber mais* indica alguns sites para que você possa aprofundar mais o assunto tratado. Em seguida, a seção *Que tal?* traz sugestões de atividades práticas e úteis que convidam você a aplicar os conhecimentos trabalhados em situações do seu dia a dia. Finalmente, pensamos em incluir uma seção para que você mesmo vá verificando o que aprendeu. Chama-se *Faça sua análise*.

A nossa ideia, ao conceber este livro, foi que, ao longo dos estudos e das experiências sugeridas, você estará continuamente combinando três coisas ao mesmo tempo: (a) conhecimentos sobre conteúdos financeiros; (b) competências específicas do campo de educação financeira; e (c) uma maior percepção das armadilhas. Dessa forma, acreditamos que você se sentirá mais confiante e adquirirá maior competência na gestão de sua vida financeira.

Os dois primeiros temas se relacionam a consumo porque este é um assunto com que temos de lidar praticamente todos os dias da nossa vida. Para começar, discutimos o **consumismo** (Capítulo 1 – *Compras por impulso: quem nunca fez?*), que aflige milhões de pessoas que terminam por se endividar sem nem entender como isso aconteceu. Em seguida, abordamos uma das primeiras decisões que se toma ao se adquirir um bem ou serviço: escolher se isso deve ser feito **à vista ou a prazo** (Capítulo 2 – *À vista ou a prazo, eis a questão*). E, quando se decide adquirir algo sem dispor do dinheiro necessário, recorremos a duas alternativas que muita gente pensa que é a mesma coisa, mas não é: **financiamento e empréstimo** (Capítulo 3 – *Crédito: use com moderação*). Nele, conversamos sobre juros e você poderá ver que os juros podem complicar a vida financeira de uma pessoa ou alavancá-la, dependendo das decisões tomadas.

Nesse processo de aquisição de um bem ou serviço, é bom sabermos como a legislação nos protege. Afinal, se antes de sairmos de casa temos o cuidado de saber o caminho e a condução a tomar para não nos perdermos, por que não conhecer os **direitos do consumidor** (Capítulo 4 – *Direitos do consumidor: modos de usar*), garantidos pelo Código de Defesa do Consumidor, antes de sairmos às compras?

Os dois capítulos subsequentes apresentam o orçamento, que é uma ferramenta fundamental para a administração da vida financeira. Administrando bem o orçamento doméstico podemos controlar nossa situação financeira. Começamos trazendo informações para que você aprenda a fazer uma boa **análise das receitas** (Capítulo 5 – *Não troque o certo pelo duvidoso*), que é o dinheiro que você recebe. A renda deriva do trabalho – seja como empregado, autônomo ou empresário – e esse dinheiro que entra deve ser administrado levando em consideração as entradas fixas e variáveis. O aspecto complementar do orçamento é **analisar as despesas** (Capítulo 6 – *Quem tudo quer tudo perde*), ou seja, o dinheiro que sai. Muitas pessoas, desesperadas por estarem no vermelho, saem cortando gastos sem estudá-los e, por vezes, passam privações sem necessidade.

O capítulo seguinte começa a trazer comportamentos de poupar para dentro do dia a dia e explica **como economizar** (Capítulo 7 – *Poupança: de grão em grão...*) para conseguir juntar uma reserva para alcançar um objetivo e, também, para se prevenir contra eventos inesperados. Em seguida, damos várias dicas para se aprender a fazer **estimativas** (Capítulo 8 – *Quem só olha para trás bate no poste*), porque elas são fundamentais para elaborar um planejamento financeiro, que é o que permite obtermos recursos necessários para alcançar um objetivo, como adquirir um bem, realizar um projeto especial ou fazer uma faculdade. Quem não sabe aonde quer chegar pode encontrar dificuldades em sair do lugar. Elaborar planos com metas e objetivos a serem alcançados e determinar as ações para se chegar lá são os passos necessários para se ter um futuro sustentável, ou seja, um futuro em que as decisões de hoje possam ser mantidas amanhã e os sonhos se realizem.

Na sequência, tratamos dos diferentes **tipos de investimento** (Capítulo 9 – *Quem semeia hoje colhe amanhã*). Afinal, depois de poupar e fazer uma reserva, é interessante fazer esse dinheiro se multiplicar de acordo com o planejado.

O tópico que segue trata dos **seguros** (Capítulo 10 – *Seguro morreu de velho*), um recurso que permite às pessoas protegerem em parte o bem-estar financeiro ao receberem uma indenização por perda de patrimônio (imóvel, veículo) ou da capacidade de trabalho (acidentes). E, já que estamos considerando temas que convocam um pensamento de cuidados sobre o futuro, nada mais natural do que olhar adiante e começar a planejar a **aposentadoria** (Capítulo 11 – *Aposentadoria: você ainda vai ter uma*), pois a vida que teremos no futuro está sendo escrita a partir de decisões tomadas no tempo presente. Em outras palavras: mesmo quem está longe de se aposentar pode começar a pensar nesta situação.

O último capítulo trabalha o conceito de **orçamento público** (Capítulo 12 – *Dinheiro público: a união faz a força*), juntamente com os tributos que pagamos às diferentes esferas de governo e, também, a fiscalização desses orçamentos pelos cidadãos. Afinal, esse dinheiro é nosso!

Os tópicos abordados, como você deve ter percebido, foram arrumados em relação àquela ideia de equilíbrio entre ganhar e gastar. Ou seja, todos nós vivemos equilibrando uma balança que oscila entre consumo – o dinheiro que

gastamos – e poupança – o dinheiro que economizamos. A base para esta tomada de decisão é o planejamento, que tem como importante ferramenta o orçamento.

Se gastamos menos do que ganhamos, se as despesas são menores do que a receita, conseguimos poupar. A partir dessa poupança, é possível investir para alcançar um futuro melhor. Porém, para que isso aconteça, não se pode contar com a sorte. É preciso planejar e ter disciplina tanto para cumprir o planejado quanto para ter controles como os proporcionados por um orçamento. Isso, por sua vez, demanda conhecimentos, habilidades e a atitude correta para que se possa administrar a vida financeira com competência. É o que oferecemos para você neste livro.

Boa leitura, bons estudos e ótimos resultados para você!

Carlos, Heloisa e Laura

1

COMPRAS POR IMPULSO: QUEM NUNCA FEZ?

Priscila está muito animada, pois conseguiu comprar algo que ela queria fazia tempo. Ela publicou na rede social a novidade.

PRISCILA OLIVEIRA Postou uma nova foto

42 curtidas   17 comentários

PRISCILA OLIVEIRA: Mais uma sandália linda!

LUIZA CAMARGO: Ai, que lindo!

ROBERTA SILVA: Que inveja! Rs

SILVIA CAROLINA: Onde vc comprou?!?!?!?!?!!!!!!

VÍTOR ANTÔNIO: Nossa! Quantos pés você tem?! Kkkkkkkkkkk

JULIANA E ROBERTO SILVA: Também vi um desses outro dia na loja, mas não tinha meu número! Aproveita, amiga!

CATARINA MELO: É confortável?

ALESSANDRA SANTOS: Que pena que eu não possa usar um desses com esse barrigão de grávida!!!

CAROLINA CARVALHO: Quanto custou?! É da Dona Pata? Xuestorque?! Responde Inbox!

JÚLIO S. ROBERTO: As centopeias te invejam, hahahahahaha...

PRISCILA OLIVEIRA: É da Senhor Pato, Carol! Foi uma pechincha!

ANTÔNIO C. OLIVEIRA: Mas é claro que você precisava deste sapato marrom tom 47, meu amor! Afinal, você só tinha até o tom 46!

LUIZA CAMARGO: @Vítor e @Júlio, vocês são muito bobos! Os homens não entendem nada mesmo, amiga.

PRISCILA OLIVEIRA: Obrigada, amiga @Luiza!

ANDRÉA ANDRADE: Me empresta?!?!

JOSÉ ROBERTO ALMEIDA: Mas quando é que você vai conseguir usar todos esses sapatos que posta aqui?! rsrsrsrsrs

PRISCILA OLIVEIRA: Pior é que tem gente que é viciada nessa coisa de comprar, Zé! Já eu sempre espero uma promoção chegar e sempre pago no cartão em parcelas! Além do mais, essa sandália, com certeza, vai me trazer sorte e me ajudar a arrumar um emprego! Kkkkkkkk

Todos nós adquirimos produtos e serviços indo às lojas, ao supermercado, ao cabeleireiro, ao médico etc. Além das necessidades básicas como alimentação e saúde, nós também temos direito ao nosso lazer assistindo a filmes, ouvindo música, indo à praia, praticando esportes ou saindo com os amigos. Tudo isso é saudável.

O problema surge quando se gasta mais do que se tem, contraindo dívidas.

É o caso de algumas pessoas que, em vez de "gastarem para viver", "vivem para gastar", como a Priscila desta história, que confunde duas coisas bem diferentes: necessidade e desejo, comprando sapatos muito além do que ela precisa. Não há nada de errado em buscar atender a nossos desejos para desfrutar a vida, desde que conservemos os gastos dentro das nossas possibilidades.

NECESSIDADE E DESEJO

A **necessidade** se refere a tudo aquilo de que uma pessoa precisa para poder atender às suas demandas mais importantes relativas a alimentação, habitação, transporte, saúde, educação, vestuário etc. Já o **desejo** é o impulso que pode levar ao consumo de bens e serviços que não suprem carências essenciais.

Existem pessoas que ficam "viciadas" em gastar, comprando produtos ou adquirindo serviços sem pensar. Elas compram movidas pelo impulso do desejo, isto é, não conseguem se controlar. É o consumismo tomando conta da pessoa. Parece que perdem a capacidade de raciocinar, como Priscila, que não consegue levar em consideração nenhuma das ponderações bem-humoradas dos amigos sobre seus gastos excessivos.

> **O consumismo pode ser definido como sendo os hábitos de pessoas que tendem a gastar compulsivamente.**

Muitas pessoas se endividam por excesso de consumo. O cartão de crédito ajuda bastante neste sentido. As pessoas vão comprando com o cartão e depois, sem recursos para quitar totalmente a fatura no dia do vencimento, financiam parte dos gastos pagando altos juros. E isso vira uma bola de neve.

Muitas vezes, algumas pessoas compram apenas para acompanhar os outros, sem realmente precisar daquela compra.

Há também aqueles que adquirem produtos apenas para impressionar outras pessoas, como parentes, vizinhos, colegas de trabalho ou da escola. Este é um problema de ostentação. Para se exibir, a pessoa gasta demais, fica até endividada adquirindo produtos caros de que nem precisa ou que nem mesmo sabe usar.

Outras pessoas que compram um produto por motivos como "está na moda" ou "todo mundo está comprando" ou "só eu que não tenho" tornam-se vítimas fáceis de duas estratégias de venda que levam as pessoas a gastar cada vez mais, chamadas "obsolescência programada" e "obsolescência percebida".

OBSOLESCÊNCIA PROGRAMADA

Os produtos são projetados para se tornarem lixo o mais rapidamente possível. Trata-se de produtos que foram programados para serem usados uma vez e jogados fora. Um exemplo clássico desse conceito é a garrafa PET. Existem alguns eletrodomésticos que também são produzidos para funcionar por um tempo curto e depois serem descartados. Outro exemplo são os produtos que se tornam incompatíveis com equivalentes, com os quais se espera que trabalhem em conjunto, como, por exemplo, certos softwares e hardwares.

OBSOLESCÊNCIA PERCEBIDA

Novos produtos surgem no mercado e estratégias de marketing são usadas para motivar o seu consumo, mesmo que isso implique jogar fora coisas que ainda são úteis e se encontram em bom estado. Uma das formas como isso é feito é mudando a aparência das coisas de modo que todos percebam que você comprou o produto há alguns anos e por isso está "fora de moda", "desatualizado". Enfim, há uma pressão social para consumir o produto novo.

E como faço para controlar melhor os meus gastos?

Se você tem problemas com excesso de consumo, vale a pena conhecer algumas orientações para controlar melhor os seus gastos.

Deixe o cheque, o cartão de débito e o cartão de crédito em casa – para evitar gastar em excesso. Use dinheiro em espécie. Quando pagamos em dinheiro, dá mais pena de gastar. Então, tendemos a pensar mais antes de comprar. Com cheque ou cartão, a dor de se separar do dinheiro está distante no tempo em relação ao ato do gasto.

Procure andar com notas grandes no bolso (R$ 50,00) em vez de notas pequenas (**R$ 10,00**; **R$ 5,00**) – para que pensemos duas vezes antes de gastar. Isto pode ter um efeito mais forte do que parece.

Faça estas três perguntas sempre que for fazer uma compra: **Preciso? Tenho dinheiro? Tem que ser hoje?**

NOTAS GRANDES

Gastar **R$ 5,00** de uma vez é uma decisão mais fácil do que gastar **R$ 50,00** de uma tacada só. Acontece, porém, que vários pequenos gastos vão se somando até se tornarem um gasto grande. Isso muitas vezes ocorre sem a gente perceba, e é aí que as notas grandes podem ajudar.

Se você tiver uma nota de **R$ 10,00** e uma de **R$ 50,00** na carteira e planejou gastar **R$ 20,00** no seu passeio, o fato de que, em dado momento, você percebe que agora só tem a nota de **R$ 50,00** para comprar um lanche serve como alerta de que já gastou **R$ 10,00**, ou seja, metade do que tinha previsto.

Você pode usar esse recurso como estratégia para se manter dentro do seu limite de compra à vista. Por exemplo, se pretende gastar **R$ 80,00** no shopping, pode ser interessante levar uma nota de **R$ 50,00** e duas de **R$ 20,00**. Se tiver que usar a nota de **R$ 50,00**, significa que já gastou as duas notas de **R$ 20,00**, que somam **R$ 40,00**, quer dizer, metade do que havia previsto. Logo, é hora de prestar atenção nos gastos. Lembre-se: é de grão em grão que a galinha enche o papo!

Não responda a estas perguntas de imediato. Saia do estabelecimento comercial em que o produto ou serviço esteja sendo oferecido e dê uma volta. Caminhe, se distraia, faça isso por pelo menos vinte minutos. Depois, pense com calma sobre as três perguntas antes de respondê-las. Se você responder honestamente SIM às três perguntas, então esta não é uma compra impulsiva. Pode parecer simples demais, mas isso já ajudou muitas pessoas a refletir sobre as compras que iam fazer, evitando que tomassem decisões impensadas, das quais provavelmente se arrependeriam depois.

Preste atenção a certas situações **quando for ao mercado para fazer compras**, para evitar o gasto em excesso. Seguem algumas dicas:

Levar apenas o dinheiro estimado para a compra
Isso evita que gastemos mais do que o previsto.

Fazer uma lista de compras
Sem lista, terminamos gastando mais do que tínhamos previsto, compramos coisas que não tínhamos planejado e, por vezes, deixamos de comprar outras de que precisávamos porque nos esquecemos delas ou porque "o dinheiro não deu".

Discriminar na lista os itens que são essenciais
Quando preparamos a lista, é interessante discriminar quais itens são essenciais e quais são secundários. Uma forma de fazer isto é colocar os itens essenciais nos primeiros tópicos da lista, para adquiri-los logo. Normalmente, essenciais são alimentos básicos, remédios, itens de limpeza e higiene. Os secundários são aqueles que podem ser cortados se não houver dinheiro suficiente para tudo. Esta organização é importante para não gastar demais e para decidir rapidamente o que cortar.

Ficar atento à disposição dos produtos
Produtos nas prateleiras ao alcance do cliente geralmente são mais caros produtos mais em conta são arrumados nas prateleiras de baixo.

Estar tranquilo quando for às compras
Você talvez já tenha ouvido falar que não é uma boa ideia fazer compras quando se está com fome. É verdade. Quem está com a barriga roncando em geral acaba comprando mais produtos alimentícios do que deveria. Além disso, é importante prestar atenção ao seu estado de espírito na hora das compras. Quem está triste muitas vezes acaba comprando coisas por valores mais altos sem nem perceber que está fazendo isso. Já pessoas que estão com raiva tendem a ser impacientes e tomam péssimas decisões, levando coisas para casa de que não precisam ou pagando demais. Aí, ficam com mais raiva ainda. Por sua vez, pessoas ansiosas tendem a comprar qualquer coisa por impulso. Portanto, o ideal é fazer compras estando bem alimentado e em paz consigo mesmo. Se isso não for possível, então é preciso atentar para essas tendências e manter o controle.

Usar bem as promoções

Mercados estão sempre fazendo promoções; é importante que saibamos usá-las a nosso favor. Por exemplo: não devemos levar um produto que nunca vamos usar, só porque ele está em promoção. De que adianta "levar dois pelo preço de um" se não vamos usar nenhum dos dois ou se, para o nosso consumo, basta um? Alguns mercados colocam em dias específicos da semana determinados produtos em promoção, com preços mais em conta: "dia das frutas", "dia do peixe" etc. Além disso, há promoções que podem surgir ao longo do mês e, se ficarmos atentos, podemos aproveitá-las e gastar menos. Há mercados com programas de cartões de fidelidade que dão descontos.

Pesquisar preços

A pesquisa de preço para verificar os valores de produtos iguais em mercados diferentes e a decisão de comprar no mais barato pode ajudar a economizar bastante, uma vez que as diferenças para o mesmo produto podem ser grandes. Outro caminho é levar o panfleto de outros mercados para aquele que cobre as ofertas da concorrência.

INDO MAIS FUNDO ///

Se este tema lhe interessa, você poderá ir mais fundo em outros aspectos do consumo, como as frustrações a ele ligadas e as relações entre o que consumimos e o que acontece com o meio ambiente.

Frustrações de consumo

Comprar produtos com base no desejo, ou seja, por impulso, pode gerar muita frustração, seja porque não se encontra a satisfação esperada com a compra, seja porque havia uma expectativa alta demais em relação àquele produto ou serviço. Vamos conhecer um pouco mais este problema.

Antes de comprar um produto ou contratar um serviço, é normal que imaginemos como será quando o tivermos. Pensamos coisas como:

"Eu vou arrasar usando essa roupa nova na festa."

"Esse show vai ser maravilhoso!"

"Eu vou me divertir muito com esse celular novo!"

"Essa viagem vai ser a melhor que eu já fiz na minha vida!"

> Muitas vezes a realidade é diferente do que a gente tinha imaginado e ocorre uma espécie de choque entre a perspectiva presente e a futura.

Quando uma pessoa está imaginando como será usufruir do produto ou serviço em questão, ela está imaginando hoje como vai se sentir amanhã, ou seja, tem o seu foco no produto no presente e acredita que, no futuro, o foco será o mesmo. Por exemplo, uma pessoa pode agora decidir que precisa comprar um smartphone porque ele é fundamental para agilizar seus trabalhos. Ela então se organiza para realizar a compra. Isso pode demorar um pouco, mas chega o dia e ela compra. Pouco tempo depois, ela já tem outro foco, está concentrada na festa que quer promover e fica maldizendo a hora em que gastou seu dinheiro com o smartphone.

Esse tipo de problema acontece quando estamos supondo o quanto ficaremos satisfeitos com a compra de um produto. Contudo, quando conseguimos adquiri-lo, pode ser que já estejamos em outro momento da vida, passando por outras experiências, tendo outras preocupações. Em resumo, o foco poderá ser outro. E, aí, vem a frustração!

Outra razão para desapontamento com algo que compramos é a diferença entre o "eu quente" e o "eu frio". É fácil de entender. Quando estamos muito ansiosos para ter algo (um produto ou um serviço), é como se estivéssemos "fervendo" de expectativa, sem pensar direito. Ficamos convencidos de que esse "algo" terá o poder de nos deixar muito felizes, poderosos, belos, populares, admirados etc. Nossa imaginação pinta um quadro de grande sucesso e de muita alegria. E então, "quentes" desse jeito, adquirimos o objeto, ou a tal viagem, o tal curso ou a tal festa de aniversário e... vemos que nada mudou. Gastamos todo aquele dinheiro mas continuamos a mesma pessoa, não ficamos superpopulares, e aquele enorme sucesso não chegou. É como ir a um restaurante que serve comida a quilo estando com fome (quente) ou estando saciado (frio). Precisa pensar muito para descobrir em qual das duas situações você tende a colocar comida demais no prato? Não é à toa que se diz que, para tomar certas decisões, é melhor estar com a cabeça fria...

Consumo e impacto ambiental

Hoje em dia, cada vez mais são propostas iniciativas – tanto na indústria como no comércio e na agricultura – com base no modelo de desenvolvimento sustentável, e isto significa promover o crescimento econômico sem comprometer a capacidade de a natureza se recuperar, garantindo, assim, a existência das sociedades humanas e das outras espécies do planeta. Esta ideia – de cuidar de um processo preocupando-se com as consequências que as ações realizadas desde o seu início até o final podem causar – também precisa ser aplicada à nossa vida financeira.

> **Não basta consumir de modo consciente e responsável. Precisamos ter responsabilidade, também, pelo descarte dos produtos que consumimos.**

> **Quem gasta mais do que tem ameaça a própria capacidade de recuperação do seu controle financeiro.**

Considerando que tanto a natureza quanto o dinheiro são recursos finitos, ambos precisam de cuidados específicos para que não se esgotem sem que antes sejam repostos.

Além disso, há ligações diretas entre o que consumimos e o que acontece na natureza em consequência do nosso consumo. Vamos entender melhor esse raciocínio.

Por um lado, quem compra o que não precisa usufrui pouco ou nada do produto que comprou e livra-se dele logo. Desta forma, está contribuindo para os problemas relativos ao lixo e à poluição ambiental decorrentes do descarte. Por outro lado, se tudo que compramos foi construído com materiais extraídos da natureza, pode ter passado por processos industriais que danificam o meio ambiente e, provavelmente, foi transportado em algum momento, o que também tem seus impactos ambientais.

Afinal, tudo o que descartamos vira lixo e, se esse processo não for bem cuidado, pode levar a outros problemas. Mas esta questão não para por aí! Como os recursos financeiros são finitos, é muito importante equilibrarmos nossas finanças pessoais para vivermos a vida dentro dos limites das decisões financeiras tomadas. Ao contrairmos dívidas que não conseguimos pagar, saímos do limite. Assim, criamos um problema não só para nós próprios, mas, também, para os familiares e amigos, que, muitas vezes, são convocados a saldar a dívida. O processo é semelhante ao que acontece na natureza.

Nesta área de educação financeira, vale utilizar o raciocínio do tipo "bumerangue": o problema que causamos para a natureza (com nosso consumo irresponsável) ou para outras pessoas (com nosso endividamento) tende a voltar para nós mesmos!

Outro problema do endividamento é o risco de a pessoa ter seu nome, como devedor, incluído em cadastros como o do SPC, o que pode diminuir suas chances de fazer, no futuro, empréstimos ou até mesmo obter um emprego.

SERVIÇO DE PROTEÇÃO AO CRÉDITO (SPC)

É um serviço de informações que utiliza dados de "adimplência" e "inadimplência" de pessoas físicas ou jurídicas para fins de decisão sobre crédito. Em outras palavras, é onde, por exemplo, um lojista pode verificar se um cliente que se candidata a comprar certo bem a prazo está ou não "devendo na praça", ou seja, se ele parece ser confiável para receber o crédito. Se ele está adimplente, isto é, com as contas pagas, suas chances de ser aprovado são maiores. Mas, se estiver inadimplente (devendo na praça), é bem provável que seu pedido de crédito seja rejeitado.

O consumismo é um vício e tem até nome: **oniomania**. A pessoa que se torna de fato viciada em consumo, fazendo dívidas e tendo problemas financeiros e pessoais, precisa de tratamento psicológico e apoio de parentes e amigos. Segundo pesquisas, este vício pode estar ligado a outros problemas como depressão, transtornos alimentares (como anorexia e bulimia), dependência de substâncias como álcool e drogas, bem como sentimentos de frustração ou mesmo um vazio interior. Nos casos mais graves, torna-se recomendável que uma pessoa de confiança assuma o controle das finanças do doente até que ele possa se recuperar. Existem associações de devedores anônimos, como as dos Alcóolatras Anônimos, para ajudar pessoas com esse problema.

Consumismo
http://bit.ly/11SEiDM

Devedores anônimos
http://bit.ly/1pjJ5bB

Impactos ambientais do consumismo – "A história das coisas"
http://bit.ly/K36Pxo

Obsolescência programada
http://bit.ly/1trKpVd

Obsolescência percebida
http://bit.ly/1ycs4Sf

SPC
http://bit.ly/1vJPTSy

Você sabia? – Oniomania
http://bit.ly/1FoDZg4
http://bit.ly/1vccYdk

Que tal, antes de fazer as suas próximas compras, experimentar usar as perguntas: Preciso? Tenho dinheiro? Tem que ser hoje?

Procure observar o que vem à sua mente, como você se sente e como isso afeta o seu comportamento diante dos seus hábitos de consumo, especialmente naquela importante diferença entre desejo e necessidade.

Converse com um amigo ou com um familiar a esse respeito e estimule-o a experimentar o uso das três perguntas. Será que os resultados serão os mesmos, os seus e os dessa pessoa?

Que tal você fazer o teste de publicidade?

Em um dia da semana, escolha um dos produtos que você precise adquirir e pesquise umas quatro a cinco peças de publicidade (anúncios) sobre esse produto. Você pode pesquisar em uma ou mais das seguintes mídias: jornal impresso, site na internet, televisão ou rádio.

Verifique:

- O quanto de espaço o anúncio dedica a características objetivas do produto: preço, garantia, características técnicas.

- O quanto de espaço o anúncio dedica a apelos emocionais: sensações (prazer, alegria de viver, sucesso, poder etc.) associadas ao produto por elementos como música, imagens etc.

- Compare os dois espaços e observe, também, o efeito que cada anúncio causou em você. Você passou a se interessar mais pelas sensações do produto do que por suas características e seu preço?

- Que tal analisar com cuidado as "dicas para gastar menos" e selecionar as que podem ajudá-lo a modificar seus hábitos financeiros?

Você aprendeu a

- Diferenciar necessidade e desejo?

- Identificar comportamentos consumistas?

- Selecionar as "dicas para gastar menos" que melhor podem ajudá-lo a mudar seus hábitos financeiros?

- Relacionar o consumo com o impacto ambiental?

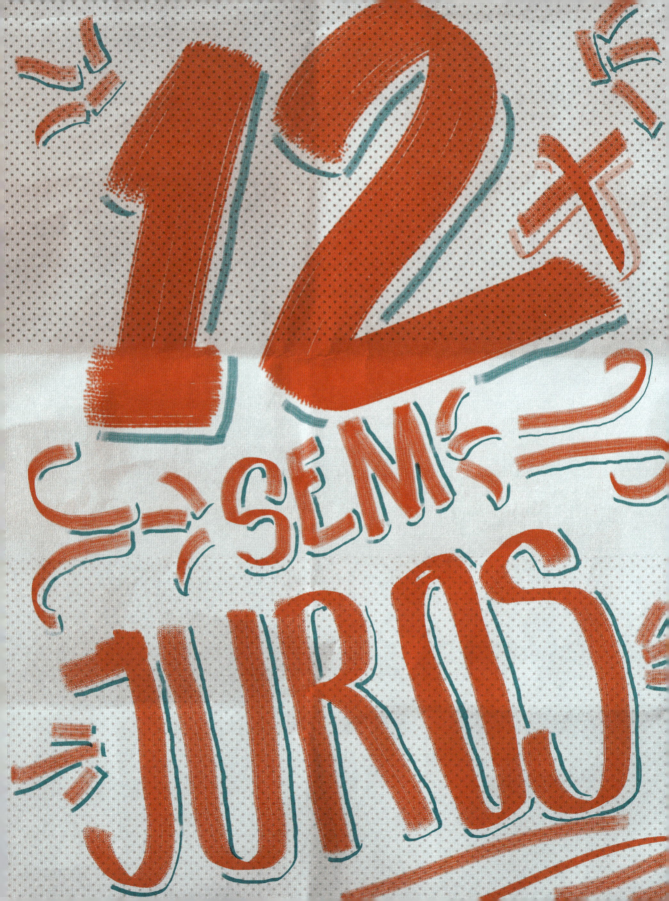

2

À VISTA OU A PRAZO, EIS A QUESTÃO

Jogo dos Sete (ou Mais) Erros: O que está errado no anúncio abaixo?

MARQUE A OPÇÃO CORRETA:

(A) Falta o fio para ligar a geladeira na tomada.

(B) Branco não combina com a minha cozinha.

(C) Não existe a "Loja Paraíso das Geladeiras".

(D) Esqueceram os centavos.

(E) Uma geladeira assim não custa **R$ 1.000,00**.

(F) O uso da palavra "apenas".

(G) Pagar 12 parcelas de **R$ 200**, ou seja, **R$ 2.400**, para uma geladeira de **R$ 1.000**, não é "sem juros" nem aqui, nem na China!

(H) Todas as opções acima.

Se você marcou qualquer uma das opções acima, parabéns! Você acertou! (E já deve ter visto um monte de anúncios parecidos por aí.)

Ao fazermos compras, volta e meia precisamos tomar esta decisão: compramos à vista ou a prazo? Qual é a melhor opção? A resposta é: depende.

Sempre é necessário fazer escolhas, mas existem armadilhas que podem nos levar a comprar de forma equivocada.

Preços que terminam em 9 ou 99 centavos

Você já reparou que, em muitas lojas, os produtos têm preços do tipo **R$ 19,99** ou **R$ 9,90** ou mesmo **R$ 99,99**? Parece incrível, mas para várias pessoas **R$ 99,99** parece ser bem menos do que **R$ 100,00**. Por que isso acontece? Repare que o preço **R$ 100,00** tem cinco dígitos, enquanto **R$ 99,99** tem quatro dígitos, o que por vezes engana nossa percepção e não nos damos conta de que a diferença entre os dois valores é de apenas um centavo! Você já caiu nessa armadilha? Cuidado com essas táticas de vendas, senão você pode ter uma surpresa desagradável ao pagar suas contas no próximo mês.

Enquadramento

O nome da armadilha do Jogo dos Sete (ou mais) Erros é **enquadramento**, na qual cai quem não analisa adequadamente as parcelas a serem pagas na compra a prazo. Se fizer as contas, verá que 12 prestações de **R$ 200,00** levam a um preço final de **R$ 2.400,00** (12 × **R$ 200,00**), o que é muito mais caro que os **R$ 1.000,00** da compra à vista. Pode até ser que uma pessoa que não disponha dos **R$ 1.000,00** no momento esteja disposta a pagar mais para ter a geladeira imediatamente, em vez de economizar pelo tempo necessário para comprá-la à vista. No entanto, essa decisão precisa ser consciente, planejada, e não tomada por impulso.

Precisamos analisar a situação de acordo com nossas possibilidades e objetivos, levantar informações e somente então teremos condições de decidir pela alternativa à vista ou a prazo.

ENQUADRAMENTO

A forma como as informações são apresentadas influencia o julgamento. Isto é chamado tecnicamente de framing ou **enquadramento**. Por exemplo, se alguém diz "você tem 90% de chance de conseguir esse emprego" soa bem melhor do que a mesma pessoa lhe dizer "você tem 10% de chance de ficar de fora dessa chance de emprego". A primeira frase traz otimismo, enquanto a segunda provoca nervosismo.

Em situações como no "Jogo dos Sete (ou mais) Erros", quem não fizer as contas só vai perceber que comprar a prazo sai bem mais caro do que comprar à vista quando for tarde demais!

Faço a compra à vista ou a prazo?

Compras à vista são aquelas em que pagamos o valor integral de uma vez pela obtenção do produto ou serviço.
Pessoas que compram à vista podem enfrentar dificuldades por comprar por impulso, porque "se apaixonam pelo produto" e, depois, se arrependem, ou seja, são movidas por desejo e não por necessidade.

Isso é mais comum nas compras feitas com cheque, cartão de débito ou de crédito. Como diz o ditado, "o que os olhos não veem o coração não sente".

Imagine como esse controle se tornará cada vez mais difícil para algumas pessoas conforme o dinheiro vivo for cada vez menos usado para compras. Afinal, cada vez mais se utiliza cartão de débito, cartão de crédito, compras online etc. Vai ser preciso muita disciplina!

Compras a prazo envolvem o pagamento do produto ou serviço em parcelas ou prestações.
Os prazos envolvidos podem variar bastante, desde duas parcelas até pagamentos em parcelas que podem se distribuir por vários anos, como em negociações para compra de imóveis.

E importante somar as parcelas para verificar se há diferença entre o preço a ser pago na compra a prazo e na compra à vista. Mesmo que a soma das parcelas indique que o valor a prazo é igual ao valor à vista, vale a pena insistir com o gerente sobre a possibilidade de um desconto para compra à vista, porque há juros embutidos na compra a prazo.

O que é melhor? Depende da situação.

Se você pode esperar para comprar à vista, frequentemente essa é a melhor opção. No exemplo da geladeira, quem puder esperar para comprá-la à vista pagará bem menos do que a prazo. Contudo, há situações em que pode ser mais vantajoso comprar a prazo. Por exemplo, quando não se dispõe do valor total para pagar à vista ou quando não se consegue negociar desconto no preço à vista. Optando pelo pagamento a prazo, é preciso ter disciplina para reservar o dinheiro para pagar as parcelas da compra nos meses em que elas ocorrerão.

Comprar a prazo também pode ser interessante quando a compra proporcionar a oportunidade de aumentar a receita acima da despesa envolvida, ou seja, quando significa que, com a compra, você vai ganhar mais do que gastará para fazê-la. Por exemplo, quando alguém adquire um produto que lhe permite trabalhar em uma profissão: comprar um carro a prazo para começar a trabalhar como taxista; comprar uma máquina de costura para trabalhar com confecção; adquirir uma bicicleta para fazer entregas; comprar um computador para trabalhar com design gráfico ou webdesign. O mesmo raciocínio pode ser válido para adquirir serviços, como o caso de alguém que faz um curso de inglês para poder se candidatar a um emprego.

Por fim, há casos em que simplesmente não é viável poupar primeiro, guardando dinheiro todo mês para adquirir o bem à vista. É o caso da aquisição de imóveis para residência, quando a pessoa provavelmente teria que economizar por décadas antes de poder realizar o sonho da casa própria. Em situações assim, a compra a prazo é a melhor solução.

Resumindo: antes de decidir, é importante que você avalie bem as vantagens e desvantagens de fazer uma compra à vista ou a prazo.

Além disso, toda atenção é necessária quando pagamos as compras com cartões, porque o gasto tende a ser maior quando não vemos o dinheiro saindo fisicamente da carteira. Conheça o que são e como funcionam os cartões de débito e crédito e os cuidados que devemos ter na sua utilização.

Cartões de débito e de crédito

O **cartão de débito** é uma ferramenta financeira normalmente vinculada a uma conta corrente em um banco comercial. A pessoa digita uma senha ao fazer a transação e o dinheiro é transferido de sua conta no banco para a da instituição comercial. O valor da compra sai integralmente da conta corrente do cliente no banco no mesmo dia ou no primeiro dia útil subsequente. Na prática, é como se a pessoa tivesse sacado o dinheiro da conta no banco e o utilizado para adquirir o produto ou serviço.

O **cartão de crédito** é instrumento que permite que se faça uma despesa para pagamento posterior. A empresa vende o produto ou serviço mediante garantia de recebimento pela operadora do cartão de crédito, a qual depois faz a cobrança do cliente. Este pode pagar a dívida integralmente ou parcelá-la junto à operadora, mas, neste caso, pagará juros.

Ao usar o cartão de crédito, a pessoa está apenas adiando um pagamento à vista, porque deverá pagar integralmente o valor da fatura para não incorrer em juros e ver sua dívida aumentar.

Alguns cartões de crédito também permitem que se façam empréstimos pessoais, sacando o valor em dinheiro, sobre o qual depois serão cobrados juros.

É preciso lembrar também que os cartões de crédito muitas vezes trazem gastos como suas anuidades, que independem de quaisquer compras.

Cuidados com cartão de crédito e débito

Há uma série de cuidados com cartões de débito e de crédito que devem ser tomados para evitar problemas. Destacamos alguns para você.

1. Registre e controle as suas compras conforme for fazendo cada uma delas, para não se perder nos valores gastos.

2. Observe que o gasto com cartão de débito está saindo da sua conta corrente imediatamente. É como se você estivesse tirando o dinheiro da carteira e fazendo a despesa.

3. Verifique no seu extrato bancário os valores de suas compras realizadas com cartão de débito.

4. Lembre-se de que o gasto com cartão de crédito representa um dinheiro que você terá de pagar logo adiante. O valor da compra poderá ser feito no seu total – pagamento à vista, sem juros – ou parcial – pagamento em parcelas, com juros.

5. Compare seus registros de compras com a fatura enviada pela administradora do cartão de crédito para ver se está tudo certo.

6. Preste atenção à data de vencimento do seu cartão de crédito. Um recurso para você empurrar o pagamento de uma compra para o mês posterior ao do vencimento do cartão é fazer a compra poucos dias antes da data de vencimento, pois a fatura do próximo mês já estará fechada. Por exemplo: se o meu cartão vence no dia 20 do mês e eu faço uma compra no dia 19, o valor dessa compra não virá nessa fatura.

7. Cuidado com o valor mínimo na fatura do cartão. Muitas pessoas pensam que, se pagarem esse valor mínimo, não pagarão juros, mas não é esse o caso. O valor mínimo representa apenas o menor valor a ser pago.

8. Se você não puder fazer o pagamento integral do valor da fatura do cartão de crédito em certo mês, pode ser interessante negociar um empréstimo no banco para poder pagá-la. Isso porque, em geral, os juros pagos nesses tipos de empréstimos são mais baixos do que os pagos para rolar a dívida no cartão de crédito. É um primeiro passo para liquidar a dívida, mas é preciso disciplina e controle para se livrar dela o mais rapidamente possível.

9. Não guarde o número da sua senha junto do cartão. Em caso de roubo ou extravio, o cartão poderá ser usado sem o seu conhecimento, sendo você o responsável pela dívida.

10. Não use como senha números óbvios, como datas de aniversário ou outros números que podem ser facilmente deduzidos.

INDO MAIS FUNDO //

Ao comprar a prazo, muitas pessoas se esquecem de somar as parcelas das diferentes compras. Por exemplo: se você comprou, em dias diferentes de um mesmo mês, uma geladeira e uma televisão a prazo para começar a pagar no mês seguinte, quando as contas chegarem você terá que pagar a parcela da compra da geladeira e mais a parcela da compra da televisão. Isto mesmo: se não ficar atento, as várias compras se transformam em um grande gasto no final do mês, pegando a pessoa de surpresa!

Vejamos um exemplo um pouco mais elaborado no passo a passo.

PASSO A PASSO – Somando as parcelas de várias compras a prazo
Imagine que uma pessoa consiga poupar **R$ 100,00** por mês para comprar itens de vestuário.

Ela compra um par de sapatos para pagar em três parcelas de **R$ 45,80**, que é menos que **R$ 100,00**.

Depois, resolve comprar também duas camisas pagando mais três parcelas de **R$ 15,00** por mês em cada uma, pensando algo como: "eu tenho **R$ 100,00** e **R$ 15,00** é bem abaixo disso". Ela nem percebe que, como comprou duas camisas, esse gasto será de **R$ 30,00**.

Em seguida, resolve comprar também uma calça "para sair com o conjunto completo" e paga mais três parcelas de **R$ 40,00** "porque **R$ 40,00** é menos que **R$ 100,00**".

Só que, quando chega a conta do cartão de crédito, o total é de **R$ 115,80**:

45,80 (par de sapatos) + **30,00** (**15,00** de cada camisa) + **40,00** (calça) = **115,80**.

Como só tem **R$ 100,00** para gastar com vestuário, ela terá de financiar **R$ 15,80** pagando juros no cartão. E aqui é preciso lembrar que cada compra foi feita em três parcelas. Por isso, a cada mês, a pessoa terá de pagar **R$ 115,80** no cartão de crédito. Como só pode pagar **R$ 100,00**, **a cada mês ela ficará devendo mais R$ 15,80**, que se transformarão em dívidas de cartão de crédito sobre as quais incorrerão juros.

Para se ter uma ideia do que isso significa, veja um cálculo simples assumindo que a taxa de juros cobrada pelo cartão de crédito é de 10% ao mês e arredondando valores para tornar as contas mais fáceis.

MÊS	DÍVIDA NO INÍCIO DO MÊS: 15,80 + dívida total do mês anterior	DÍVIDA NO FINAL DO MÊS: dívida de início + juros
1	R$ 15,80 [115,80 – 100,00]	R$ 17,38 [15,80 + [R$ 15,80 × 10% juros= 1,58]] Sobre a dívida de 15,80 incidiram 10% de juros, o que dá 1,58, os quais, somados a 15,80, dão 17,38.
2	R$ 17,38 [mês anterior] + R$ 15,80 = 33,18 R$ 36,50 [[17,38 + 15,80 = 33,18] + [33,18 × 10% juros = 3,318]]	Sobre a dívida de 33,18 incidiram 10% de juros, o que dá 3,318, os quais, somados a 33,18, dão 36,50.
3	R$ 36,50 + R$ 15,80 = 52,30 R$ 57,53 [[36,45 + 15,80 = 52,30] + [52,30 × 10% juros = 5,23]	Sobre a dívida de 52,30 incidiram 10% de juros, o que dá 5,23, os quais, somados a 52,30, dão 57,53.
Total		R$ 57,53

Observe que a soma das três parcelas financiadas de **R$ 15,80** é igual a **R$ 47,40**. Logo, essa pessoa gastou mais **R$ 10,00** só em juros. Como os juros pagos são uma percentagem da dívida, para valores maiores a dívida seria ainda maior.

CURIOSIDADE

Segundo dados de pesquisa recente do Banco Central, o brasileiro ainda usa majoritariamente dinheiro (cédulas e moedas) para fazer compras cotidianas. Contudo, quando não se usa dinheiro, os cartões de crédito e de débito são usados em 74% dos casos. Afinal, são muitos os estabelecimentos comerciais que aceitam esses cartões. Mas você sabe como tais cartões surgiram?

Os cartões de crédito surgiram nos Estados Unidos na década de 1920, quando começaram a ser ofertados por postos de gasolina, hotéis e algumas firmas para seus clientes mais fiéis, permitindo que estes pudessem desfrutar de seus serviços sem usar dinheiro ou cheque. Contudo, o cartão de crédito como hoje o conhecemos surgiu mesmo em 1950 com o Diners Club. Em 1958 nasceu o American Express. Os bancos perceberam que estavam ficando para trás e lançaram os seus próprios cartões de crédito; o primeiro foi o Bank of America com seu cartão que, em 1977, ficaria conhecido como "Visa", o qual se tornaria o cartão mais usado do mundo a partir da década de 1990. O cartão de débito surgiu em 1983.

No Brasil, o primeiro cartão de crédito foi o Diners Club Brasil, que chegou por franquia em 1956, mas os cartões de crédito só se tornaram populares em larga escala na década de 1990, com a estabilização da inflação e o avanço das tecnologias.

Atualmente, cartões magnéticos são utilizados para inúmeras modalidades de pagamento e nichos de mercado, como benefícios da Previdência Social (aposentadorias, pensões), vale-alimentação, lojas de departamentos, redes de combustível etc.

Aplicativos para controle financeiro
http://bit.ly/1trIakM

Compra a prazo ou à vista
http://www.meubolsoemdia.com.br/
http://bit.ly/1roPIov

Cuidados com cartão de débito e crédito
http://bit.ly/11SDUVS

Juros embutidos na compra a prazo
http://bit.ly/1Cb3Uvx

Você sabia? – Como surgiram os cartões de crédito e débito
http://www.bcb.gov.br
http://bit.ly/1AOz6za
http://bit.ly/VGbwDe

Que tal você passar a se habituar a arredondar para cima os preços que terminam em 90 ou 99 centavos, ou que são **R$ 1,00** a menos do que a dezena ou centena seguinte, como **R$ 39,00** ou **R$ 199,00**? Exemplo: se você encontrar alguma coisa no valor de **R$ 4,99**, leia **R$ 5,00**; se estiver escrito **R$ 199,00**, leia **R$ 200,00** e assim por diante. E aproveite para observar o efeito que isso irá provocar na sua maneira de ver os preços!

Na sua próxima compra, que tal pensar com bastante calma se é mais vantajoso adquirir o bem à vista ou a prazo? Analise as possibilidades, busque informações, faça contas e, só então, tome sua decisão. Depois, comente com seus amigos e familiares o que você percebeu de diferente em sua maneira de decidir entre comprar à vista ou a prazo.

Imagine um tempo futuro, quando tudo só puder ser pago com cartão ou telefone celular. Como você vai fazer para controlar os seus gastos? Que tal pensar nisso? Converse com pessoas da sua relação.

Você aprendeu a

- Diferenciar compras à vista e compras a prazo?

- Identificar as situações em que a melhor forma é comprar à vista?

- Identificar as situações em que a melhor forma é comprar a prazo?

- Selecionar os cuidados para utilização do cartão de crédito e de débito que você precisaria adquirir?

3

CRÉDITO: USE COM MODERAÇÃO

Olá. Eu sou o Juro. Isso mesmo, no singular. Não sei muito bem o que eu fiz, mas muita gente morre de medo de mim. Deve ser porque eu ando em bando. Por isso, a maioria das pessoas refere-se a mim sempre no plural: "os juros". E, realmente, parecemos muito assustadores. Mas não somos más companhias e venho aqui para corrigir esta injustiça.

Rio de Janeiro, 4 de dezembro

Carta de um Juro

Verdade seja dita, não sou rejeitado por todos. Os bancos e os cartões de crédito me adoram. Deve ser graças aos anos de bons serviços prestados a eles. Modéstia à parte, eu sou um trabalhador bastante dedicado, e muito do que eles têm hoje devem a mim e ao meu esforço.

Por outro lado, muita gente me culpa pelo crescimento de suas dívidas. Quero deixar claro que esta nunca foi a minha intenção. Desde pequeno, quando eu era apenas um ponto percentual, aprendi que minha vocação era garantir uma remuneração para o dinheiro, quer ele fosse emprestado a uma pessoa, quer ele fosse aplicado ou investido, por outra.

Mas ninguém entende por que a maior parte de nós, os juros, trabalha a favor dos bancos (e do cartão de crédito), enquanto apenas uma pequena parte de nós presta serviços para o cidadão comum. Sinto-me muito injustiçado quando tentam me responsabilizar por isso, já que o grande culpado por esta diferença entre os juros que os bancos cobram e o que eles pagam é o Spread (leia-se "espréde"), moleque estranho que adora aprontar das suas por aí.

Infelizmente, eu só recebo ordens. Já diz o ditado: manda quem pode, obedece quem tem juízo.

Atenciosamente,

Juro

PS: Procurado pelos autores deste livro, o Spread preferiu não se pronunciar. Falaremos dele mais adiante.

A maioria das pessoas tem certa noção do que sejam juros porque já ouviu falar que dívidas aumentam muito rapidamente por causa dos juros, ou que certos investimentos rendem juros ou ainda porque veem anúncios em lojas que falam no pagamento de um bem em "parcelas sem juros". Você leu, na história, que o papel do juro é garantir uma remuneração do dinheiro emprestado ou investido.

Como isso funciona? Por que as pessoas pagam juros ao fazer empréstimos e financiamentos e recebem juros quando fazem investimentos?

Tudo começa com o modo com que as pessoas lidam com suas receitas e despesas.

Há pessoas que gastam bem menos do que ganham; são as poupadoras. Elas fazem reservas de dinheiro que podem guardar. As pessoas poupadoras logo procuram por opções de investimentos para fazer com que o dinheiro (capital) que elas acumularam cresça. Ao fazer investimentos financeiros, como uma conta de poupança, elas recebem juros.

Por outro lado, **há pessoas que gastam mais do que ganham**. **São as gastadoras**. Elas podem ser gastadoras devido a uma emergência, porque estão fazendo um gasto planejado, como comprar a casa própria, ou simplesmente têm maus hábitos de consumo e gastam demais.

Vemos, então, que são pessoas com perfis diferentes. Portanto, existe a necessidade de uma intermediação para que o capital circule entre quem dispõe dele e quem precisa de recursos financeiros. Além disso, as pessoas poupadoras precisam de uma garantia de segurança que proteja as economias que elas conseguiram realizar. Essas pessoas muitas vezes não têm condições de definir os riscos de emprestar a sua poupança para outra pessoa ou para um negócio.

Instituições financeiras, como bancos e financeiras, fazem essa intermediação entre pessoas e empresas que dispõem de capital e as pessoas e empresas que precisam de capital, trazendo segurança ao negócio.

INTERMEDIAÇÃO

As pessoas poupadoras não precisam procurar pessoas gastadoras ou vice-versa; basta ir a uma instituição financeira confiável e de boa reputação. Nesse tipo de instituição, as poupadoras podem fazer investimentos e as gastadoras podem adquirir financiamentos ou empréstimos.

O Banco Central (BCB) é o responsável, entre outras atribuições, pela fiscalização e disciplina do mercado financeiro. É ele que define regras, limites e condutas das instituições financeiras, incluindo-se normas relacionadas às tarifas que um banco pode cobrar e os serviços que devem ser gratuitos.

Relações entre poupadores, gastadores e os bancos

As pessoas poupadoras deixam seu dinheiro no banco por um período de tempo e recebem dele juros como compensação por isso. Afinal, não poderão gastar esse dinheiro enquanto ele estiver no banco. São investimentos financeiros. Já **as pessoas gastadoras pegam dinheiro emprestado no banco, por meio de empréstimos ou de financiamentos e terão de pagar juros a ele por isso**. Em ambos os casos, o valor cedido ao banco pelas poupadoras e o valor pego pelas pessoas gastadoras com o banco é chamado de principal. É sobre este valor que correm os juros.

Os bancos então recebem juros das pessoas para quem fazem empréstimos ou financiamentos e pagam juros para as pessoas que fazem investimentos com eles. A diferença entre os juros cobrados e os recebidos pelo banco é o chamado spread bancário.

SPREAD BANCÁRIO

Costuma ser a principal fonte de receita dos bancos e é usado para pagar despesas como salários de seus funcionários, aluguel e manutenção de suas agências, publicidade, equipamentos etc. O banco precisa cobrar valores mais altos de juros de quem pega dinheiro emprestado do que o valor dos juros que ele paga a quem lhe empresta dinheiro.

Perceba então que o juro tem razão em sua defesa. A necessidade do spread bancário é que faz com que os juros cobrados pelos bancos sejam mais altos do que aqueles que eles pagam. Geralmente, quem investe seu dinheiro no banco não pode gastá-lo nesse período, e por isso faz jus a uma remuneração. Essa remuneração são os juros. É como se estivéssemos alugando um imóvel nosso. Enquanto o inquilino estiver lá, nós não podemos usar a casa alugada. Por isso recebemos o aluguel. Os juros são o aluguel do dinheiro.

Para poder pagar os juros a quem faz investimentos, o banco cobra juros mais altos de quem faz empréstimos. Então, o Juro da historinha está certo: ele é a remuneração do dinheiro, sem a qual ninguém faria investimentos financeiros.

Aliás, os termos "financiamento" e "empréstimo" geram confusão para muitas pessoas. "Ué, financiamento e empréstimo não são a mesma coisa – pegar dinheiro no banco?". Ah, aí é que você se engana! São duas coisas diferentes e conhecer essa diferença pode fazer com que você passe a "pegar dinheiro no banco" com outros olhos.

Financiamentos e empréstimos

Apesar de guardarem semelhanças, financiamentos e empréstimos são operações diferentes. Vejamos agora suas características.

Um **financiamento** ocorre quando a pessoa pega dinheiro no banco para um fim específico (como a compra de um veículo, um imóvel, um equipamento etc.); envolve um contrato entre o cliente e uma instituição financeira. Geralmente, o financiamento possui algum tipo de garantia. No caso dos imóveis, a garantia é a hipoteca, e, no caso de veículos, é a alienação fiduciária. Por exemplo, se uma pessoa pega dinheiro no banco para financiar a compra de um carro e deixa de pagar a dívida, o banco pode pedir a posse do carro para tentar evitar o prejuízo com o não pagamento da dívida.

O **empréstimo** é um contrato entre o cliente e a instituição financeira pelo qual ele recebe uma quantia sem ligação a um bem específico. A pessoa faz o empréstimo e pode gastar o recurso obtido no que desejar: aquisição de um bem, fazer um curso de qualificação, viajar, comprar roupas, fazer uma festa etc.

O pagamento, tanto do financiamento quanto do empréstimo, deve ser feito ao banco em prazo determinado, acrescido dos juros acertados. Existe uma relação direta entre juros e risco: os juros cobrados por um banco estão diretamente ligados ao risco que ele observa na transação feita.

JUROS E RISCO

Os bancos reduzem o risco de suas operações financeiras pela taxa de juros. Desse modo, quanto mais arriscada for a transação na percepção do banco, mais altos serão os juros que ele cobrará. Como em um **empréstimo** não há um bem que possa ser recuperado, os juros dos empréstimos costumam ser mais altos do que os juros dos financiamentos. Mas há exceções, como os empréstimos cujas parcelas são descontadas diretamente em débito em conta vinculada a salário ou benefício (aposentadoria ou pensão), que, por serem mais seguros, representam menor risco para o banco e, assim, justificam juros mais baixos. Atenção: a prestação do empréstimo sai da conta corrente da pessoa antes mesmo de ela receber o salário ou benefício. Esse tipo de empréstimo se chama empréstimo consignado.

Operações de longo prazo, como o **financiamento** de casa própria, que se faz em horizontes de mais de dez anos, também costumam ter juros mais baixos do que operações de curto prazo, como é o caso do financiamento de um fogão em várias prestações. Isso porque, sendo bem mais alto o valor do imóvel, em alguns casos a transação atrai o apoio de agências governamentais, o que permite a redução do valor dos juros.

Tipos de juros

Existem dois tipos de juros: "juros simples" e "juros compostos". Apesar do mercado financeiro quase sempre trabalhar com juros compostos, é importante que você saiba a diferença entre eles.

As taxas de juros dos financiamentos ou empréstimos são normalmente expressas em valores percentuais mensais ou anuais, como, por exemplo, 7% ao mês ou 30% ao ano.

As taxas de juros podem ser simples ou compostas. Para entender a diferença entre elas, precisamos, primeiro, entender o que é o principal.

Em um empréstimo e financiamento, o principal é o valor originalmente tomado emprestado.

Com os juros simples, as taxas são aplicadas somente sobre o principal. Isso quer dizer que não há juros sobre juros.

Com os juros compostos, as taxas de juros se aplicam sobre o capital e também sobre os juros acumulados. Neste caso, então, correm juros sobre juros, o que faz com que os valores envolvidos subam mais rapidamente.

PASSO A PASSO – Juros simples × juros compostos
Vamos exemplificar com a seguinte situação inicial: imagine que você pegou **R$ 300,00** emprestados a uma taxa de juros de 10% ao mês para pagar em seis meses.

Pelo sistema de **juros simples**, estes recaem somente sobre o principal de **R$ 300,00**. Conforme você pode ver na tabela a seguir, a cada mês os juros de 10% incidem sobre o principal de **R$ 300,00**, fazendo com que sua dívida aumente em **R$ 30,00** por mês. Por isso, em seis meses a sua dívida será de **R$ 480,00**. Ou seja, você terá pago **R$ 180,00** de juros (480 - 300 = 180).

Principal: R$ 300,00

MÊS	JUROS	TOTAL DA DÍVIDA
Janeiro	300 × 10% = 30	300 + 30 = 330
Fevereiro	300 × 10% = 30	330 + 30 = 360
Março	300 × 10% = 30	360 + 30 = 390
Abril	300 × 10% = 30	390 + 30 = 420
Maio	300 × 10% = 30	420 + 30 = 450
Junho	300 × 10% = 30	450 + 30 = 480

Pelo sistema de **juros compostos**, estes recaem sobre o principal de **R$ 300,00** e também sobre os juros acumulados, ou seja, há juros sobre juros. É por isso que em fevereiro os juros incidem sobre **R$ 330,00**, ou seja, os **R$ 300,00** do principal somados aos **R$ 33,00** de juros do primeiro mês da dívida. Veja como a dívida total sobe bem mais rapidamente dessa forma.

Principal: R$ 300,00

MÊS	JUROS	TOTAL DA DÍVIDA
Janeiro	300 × 10% = 30	300 + 30 = 330
Fevereiro	330 × 10% = 33	330 + 33 = 363
Março	363 × 10% = 36	363 + 36 = 399
Abril	399 × 10% = 40	399 + 40 = 439
Maio	439 × 10% = 44	439 + 44 = 483
Junho	483 × 10% = 48	483 + 48 = 531

Para facilitar o entendimento do processo de cálculo dos juros compostos foi utilizada uma regra de arredondamento para casas decimais: até 0,4 arredondou-se para menos, a partir de 0,5 foi arredondado para mais. Dessa forma, chegou-se ao valor de **R$ 531,00**.

O cálculo de juros compostos é complexo e, para se obter um valor mais exato, normalmente se utiliza uma calculadora financeira, sobretudo para prazos maiores. Existem algumas calculadoras online, como a do Banco Central, que podem ajudar você com essas contas.

Usando uma dessas calculadoras, chegamos a um valor mais preciso no exemplo do passo a passo: ao final de seis meses, a sua dívida será de **R$ 531,47** pela regra de arredondamento, **R$ 531,00**. Total de juros: **R$ 231,47** pela regra de arredondamento, **R$ 231,00**.

Com juros simples, você pagou R$ 180,00 de juros e com juros compostos, R$ 231,00. Observe que você pagou **R$ 51,47** a mais com juros compostos do que com juros simples, o que é muito para uma dívida de **R$ 300,00**.

Juros simples e compostos

Agora é hora da boa notícia: sabe aquela dica do Juro no texto de abertura, de que ele sempre remunera o dinheiro investido?

Por exemplo, imagine que você vem depositando mensalmente **R$ 150,00** em um investimento que rende uma taxa de juros de 1% ao mês. Quanto você terá em sua conta ao final de cinco anos?

Esse é um cálculo que é feito por meio de juros compostos usando uma calculadora financeira e lembrando que cinco anos correspondem a 60 meses.

> Os juros compostos trabalham a nosso favor quando fazemos investimentos.

Entrando com os dados pedidos e calculando, você descobre que, ao final de cinco anos de investimentos, terá um total de **R$ 12.372,95**. Desse total, **R$ 9.000,00** correspondem aos depósitos (150 × 60) e **R$ 3.372,95** são os juros.

Como você viu, uma dívida com juros compostos pode crescer rapidamente. Se estivermos falando de uma taxa de juros de 10% ao mês, como é o caso de alguns cartões de crédito, ela dobra em pouco mais de sete meses!

Por outro lado, se bem usados, os juros compostos podem aumentar muito os valores dos seus investimentos. Portanto, cabe a você tomar as decisões certas para que os juros sejam seus amigos em vez de inimigos.

INDO MAIS FUNDO //

Se você quiser ir mais fundo nessas questões de juros, há ainda um aspecto sobre o qual podemos conversar. Serve para não ser pego de surpresa em compras com ofertas do tipo "10 × sem juros"!

Juros pós-fixados e juros prefixados

Quando uma pessoa faz um financiamento ou empréstimo, ela pode ouvir os termos "juros pós-fixados" e "juros prefixados". Esses nomes se referem à forma como se determinam os juros a serem pagos na transação financeira. O ponto a ser definido aqui é se a taxa de juros envolvida na transação tem um valor fixo ou não. Isso deve ser decidido antes de o contrato ser assinado.

As taxas de juros pós-fixadas são usadas em financiamentos ou empréstimos em que o contratante não sabe de antemão o valor que terá de pagar de juros. Por isso, os valores das prestações a serem pagos podem aumentar ou diminuir ao longo do tempo, de acordo com o fator que faz com que elas variem. Esse fator pode ser um indexador estipulado para os juros.

INDEXADOR

É um índice de reajuste calculado por uma instituição de pesquisa ou do governo. Existem, em jornais ou sites, informações confiáveis de analistas econômicos e financeiros que mostram como o indexador tem se comportado nos últimos meses e, assim, pode-se ter ideia de como ele tenderá a variar no futuro próximo. Afinal, não queremos ser surpreendidos com prestações que aumentam muito de valor em alguns meses!

As taxas de juros prefixadas têm o valor das prestações determinado desde o início e este permanece o mesmo ao longo de todo o período de financiamento ou empréstimo.

Nas transações cotidianas, as pessoas estão acostumadas com as prestações fixas em financiamentos de eletrodomésticos, computadores, veículos e outros bens deste tipo. A publicidade traz várias ofertas para pagamento em "dez vezes sem juros" ou em "seis vezes sem juros" e assim por diante.

Na prática, há juros embutidos nesses parcelamentos e vale a pena entender como calculá-los.

PASSO A PASSO – Calculando juros embutidos nas prestações fixas

Um notebook, em uma loja, está disponível para pagamento em dez prestações de **R$ 169,90**, perfazendo um total de **R$ 1.699,00**.

Contudo, o cliente pergunta se há diferença para pagamento à vista. O vendedor explica que para venda à vista a loja oferece 10% de desconto, ou seja, o preço do notebook cai para **R$ 1.529,10** (1.699 × 0,9 = 1.529,10).

Quais são os juros embutidos nas parcelas?

Apelando para a calculadora do cidadão do Banco Central entramos com os seguintes dados:

- Número de meses: 10

- Valor da prestação: 169,90

- Valor financiado: 1.529,10 (o valor para pagamento à vista)

- E temos, como resultado, uma taxa de juros = 1,9630%,

Ou seja, juros de aproximadamente 1,96% ao mês foram embutidos nas parcelas fixas.

O importante é que você tome consciência do impacto que os juros podem causar em um financiamento ou empréstimo, principalmente se forem juros compostos, quer as taxas de juros sejam prefixadas ou pós-fixadas.

Por isso, calcule esses valores antes de tomar a sua decisão de compra para ter a certeza de que tem todas as informações para decidir da melhor forma possível.

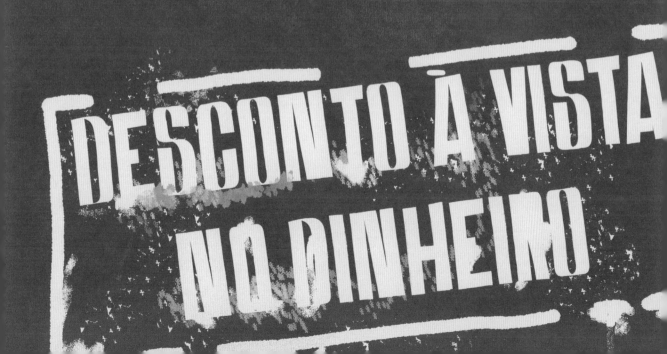

Autocontrole
http://bit.ly/10dRYMX

Calculadoras
http://www.bcb.gov.br/?calculadora
http://www.calculadoraonline.com.br/financeira

Empréstimos e financiamentos
http://bit.ly/1x8GLrG

Juros simples e compostos
http://bit.ly/1H9awc1
http://bit.ly/1giuYKj

1. Nas compras que você for fazer nos próximos dias, que tal ficar atento às informações relativas a juros? Se houver a opção de pagamento em "parcelas sem juros", procure negociar um desconto para pagamento à vista, argumentando que todo valor parcelado sempre tem juros embutidos.

2. Se você precisar comprar parcelado, que tal fazer o exercício e calcular os juros embutidos utilizando a calculadora do cidadão do Banco Central ou outra similar?

Você aprendeu a

- Conceituar juros?
- Diferenciar juros simples de juros compostos?
- Calcular juros simples e juros compostos?
- Diferenciar juros pós-fixados e juros prefixados?

DIREITOS DO CONSUMIDOR: MODOS DE USAR

4

Regina quebrou um espelho e parece que agora está tendo sete anos de azar, tentando alterar o plano da TV a cabo, reclamar da conta do telefone fixo e mudar a linha do celular para outra operadora. Entre uma ligação e outra, Regina recebe ligações do banco onde ela não tem conta tentando oferecer produtos que não lhe interessam. Essa noite, ela teve um sonho estranho...

– Casa da Regina, bom dia! Atendente Regina falando. Não desligue. Sua ligação é muito importante para nós. Na verdade, para mim, pois moro sozinha – diz ela, ao atender ao telefone.

– Alô. Dona Regina? Aqui é da Joanet, e gostaríamos de cancelar o seu plano de TV a cabo.

– Gostariam de quê? Não estou ouvindo direito, senhor! Pode falar mais alto?!

– Cancelar o seu plano!

– Ah, mas não sem antes eu falar para vocês dos benefícios que vocês têm em ter a mim como cliente de vocês. Você já ouviu falar do pacote Débito Automático/Pagamento em Dia? Graças a ele eu sempre pago todos meus boletos em dia.

– Claro, senhora. Não é uma questão pessoal. É que, realmente, achamos que o nosso serviço não está à sua altura e tomamos esta decisão.

— Bem, eu vou passar a ligação para outro departamento, pois não sou eu que cuido disso. Aguarde um momentinho.

 [15 minutos depois...]

— Casa da Regina, atendente Regina falando. Como posso ajudar?

— Não é possível. Aqui é da Ju-a-né-tê! Por favor, nós gostaríamos de cancelar o seu plano.

— Vocês poderiam me passar o nome completo da empresa e o CNPJ?

— Mas eu já passei isso tudo para a outra atendente. Aliás, não era você mesma?

— Não, senhor. Gostaria de informar que esta ligação está sendo gravada. O senhor quer anotar o número do protocolo?

— Chega. Desisto. A senhora terá, a partir de agora, um ano de gratuidade de nosso serviço... Assim fica todo mundo em paz.

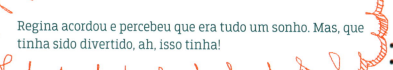

Regina acordou e percebeu que era tudo um sonho. Mas, que tinha sido divertido, ah, isso tinha!

55

A situação vivida por Regina na história nos é bem familiar. Quem já não passou pela experiência de adquirir um serviço que não corresponde ao prometido? Ou, então, de comprar um produto que apresenta problema(s) ainda na garantia e enfrentar dificuldades junto ao fornecedor para resolver a questão?

Muitas pessoas desconhecem seus direitos como consumidoras de produtos e serviços. Outras os conhecem, mas não buscam exercê-los e acabam aceitando, sem reagir, situações como a vivida por Regina. Neste caso, a pessoa está caindo na armadilha da "inércia".

INÉRCIA

É uma atitude que leva a pessoa a ficar "presa" a determinada forma de agir e não procurar outras formas de resolver o problema. Ela fica fazendo o que sempre fez, mesmo quando não dá certo. Muitas vezes ela nem busca uma solução, prefere "deixar para lá" em vez de lutar por seus direitos. A inércia é exemplificada em frases conhecidas como "a vida é assim mesmo, não adianta reclamar" ou "você vai gastar o seu tempo à toa" ou ainda "por que se aborrecer com isso?"

As relações entre os consumidores e fornecedores, conhecidas como relações de consumo, são regidas pela Lei n. 8.078/90, que é o Código de Defesa do Consumidor (CDC), e que surgiu para proteger a parte mais frágil na relação de consumo, qual seja: o consumidor (BRASIL, 1990).

Vejamos algumas definições importantes que o Código traz.

✳ **Consumidor**: é toda pessoa física ou jurídica que adquire ou utiliza produto ou serviço como destinatário final ou, ainda, um grupo de pessoas agindo em conjunto nas relações de consumo. Além desse, são consideradas consumidoras as pessoas que estão expostas às práticas comerciais, como as publicidades (BRASIL, 1990, art. 29). Assim, uma publicidade abusiva ou enganosa pode ser denunciada aos órgãos de proteção e defesa do consumidor ainda que o cidadão não tenha comprado nenhum produto. Exemplos de consumidores individuais: alguém que compra uma fruta no mercado, um eletrodoméstico em uma loja ou contrata os serviços de uma manicure. Exemplo de consumidor equiparado por categoria de pessoas: uma associação de moradores que contrata serviços para fazer a sua festa junina anual.

* **Fornecedor**: é toda pessoa física ou jurídica, pública ou privada, nacional ou estrangeira, bem como os entes despersonalizados, que desenvolvem atividade de produção, montagem, criação, construção, transformação, importação, exportação, distribuição ou comercialização de produtos ou prestação de serviços. Exemplos de fornecedores: lojas que vendem produtos diversos, empresas que criam websites, consultórios médicos, importadoras de produtos etc. (BRASIL, 1990, art. 3).

* **Produto**: qualquer bem, móvel ou imóvel, material ou imaterial. Exemplo: alimentos, eletrodomésticos, carros, websites, casas etc. (BRASIL, 1990, art. 3º, §1º).

* **Serviço**: qualquer atividade fornecida no mercado de consumo mediante remuneração, inclusive as de natureza bancária, financeira, de crédito e securitária, salvo as decorrentes das relações de caráter trabalhista. Exemplos: serviço de manicure, medicina, dentista, corretagem de seguros etc. Porém os serviços prestados por um empregado a seu empregador são de ordem trabalhista e não do CDC (BRASIL, 1990, art.3º, §2º).

Além de estipular os direitos básicos do consumidor, o CDC trata de outros assuntos relevantes para os consumidores, como as proteções em relação às práticas de cobrança pelos fornecedores, regulamentações sobre o funcionamento das garantias, responsabilidades, prazos para reclamação, mecanismos para reparação de danos, a proibição de práticas abusivas etc.

* **Cobrança: se o consumidor é cobrado a mais por parte do fornecedor, ele tem o direito de receber a diferença em dobro do valor que de fato pagou**. O consumidor também não pode ser submetido a qualquer forma de humilhação ou constrangimento durante o ato de cobrança por meio de ameaças ou ações que interfiram negativamente em seu ambiente de trabalho ou lazer (BRASIL, 1990, art.42).

* **Garantias: o CDC estabelece uma garantia legal de 30 dias para produtos e serviços não duráveis, como alimentos, e 90 dias para produtos e serviços duráveis, como eletrodomésticos**. Ela protege o consumidor de vícios e vícios ocultos no produto ou

serviço, uma vez que o fornecedor tem o dever jurídico de prestar serviços e de ofertar produtos dentro do padrão de qualidade mínimo.

A garantia contratual (BRASIL, 1990, art. 50) é adicional à garantia legal. Ela nasce de um contrato entre o fornecedor e o consumidor. O fornecedor não é obrigado a disponibilizá-la, mas, se fizer isso, torna-se obrigatório cumpri-la. O consumidor deve receber um documento, chamado de "Termo de Garantia" que explica de forma clara e detalhada as condições da garantia contratual: forma, prazo, lugar, possíveis exclusões, eventuais despesas por parte do consumidor etc.

Além dessas duas garantias, o comércio vem oferecendo a seus clientes a garantia estendida. Essa garantia é um seguro. O consumidor pode adquiri-la caso queira prorrogar o prazo da garantia estipulado pela garantia legal ou pela garantia contratual. Como é um seguro, ela será analisada no capítulo que trata desse assunto.

VÍCIOS E VÍCIOS OCULTOS

Um **vício** é qualquer inadequação do produto ou serviço. Por exemplo, o aparelho de som que não toca ou a bateria de um celular que não recarrega. Um aparelho que tenha sido entregue manchado, amassado ou riscado também é considerado com vício.

Trata-se de um vício aparente ou de fácil constatação.

Um **vício oculto** é aquele que somente aparece após algum tempo de uso e do qual o consumidor não tinha conhecimento. Nesses casos, a garantia passa a ocorrer a partir da constatação do vício.

Com base nesses conhecimentos sobre o CDC, como podemos proceder para reclamar nossos direitos?

Afinal, é justamente isso o que Regina está buscando.

Exercendo nossos direitos

Quando um consumidor tem problemas com um produto ou serviço, o recomendado é que a primeira ação seja tentar resolver o problema junto ao fornecedor por meio dos canais de atendimento deste, como o Serviço de Atendimento ao Consumidor (SAC), e-mail, carta e, também, as redes sociais. Pesquisa recente indicou que as reclamações feitas via SAC, em geral, têm resposta do fornecedor em até cinco dias e, pelas redes sociais, em até doze horas. Isso ocorre porque as empresas não querem deixar uma imagem negativa de si nas redes sociais.

Para formalizar a reclamação via carta a ser enviada ao fornecedor, o Procon-RJ possui alguns modelos.

Um recurso igualmente à disposição dos consumidores é verificar, antes da contratação, se a empresa que se busca contratar para um serviço, ou da qual se quer comprar um produto, já possui muitas reclamações. Um dos caminhos para isso é verificar a quantidade de reclamações da empresa por meio do portal do Sistema Nacional de Informações de Defesa do Consumidor (Sindec), que consolida as reclamações registradas nos Procons participantes do sistema.

No caso de compras online, também é bom verificar se a empresa possui domínio registrado no site, bem como se a empresa consta na lista de sites não recomendados pela Fundação Procon São Paulo.

Não conseguindo resolver o problema com o fornecedor, você tem a possibilidade de registrar uma reclamação por meio da internet, usando o serviço "Consumidor.gov.br", criado pela Secretaria Nacional do Consumidor (Senacon).

CONSUMIDOR.GOV.BR

É um serviço público para a solução alternativa de conflitos de consumo por meio da internet que permite a comunicação direta entre os consumidores e as empresas. É gratuito e público, e conta com a adesão voluntária das empresas interessadas, que se comprometem a conhecer, analisar e investir todos os esforços disponíveis para a solução dos problemas apresentados.

O serviço é monitorado pelo Governo Federal por meio da Secretaria Nacional do Consumidor, por Procons e empresas participantes, com o apoio da sociedade.

Além de registrar a reclamação, o consumidor pode verificar várias informações sobre o comportamento das empresas participantes. Neste sistema, o consumidor resolve o problema diretamente com o fornecedor, há um campo em que ele avalia o fornecedor. Assim, não só as avaliações negativas mas também as positivas são divulgadas.

Há ainda um espaço para os consumidores registrarem seus comentários sobre o atendimento.

Porém, se, após esses procedimentos, o fornecedor não resolver o problema, pode-se, então, procurar outros órgãos de proteção e defesa do consumidor presentes no SNDC. É importante que o consumidor sempre formalize e registre todo o processo para comprovar que tentou resolver a situação amigavelmente com o fornecedor.

Sistema Nacional de Defesa do Consumidor

É formado por uma rede de órgãos e entidades de proteção e defesa do consumidor em todo o país e é coordenado pela Senacon, que, além do planejamento, elaboração, coordenação e execução da Política Nacional das Relações de Consumo, também atua na análise de questões que tenham repercussão nacional e interesse geral, na promoção e coordenação de diálogos setoriais com fornecedores, na cooperação técnica com órgãos e agências reguladoras, na advocacia normativa de impacto para os consumidores e na prevenção e repressão de práticas infrativas aos direitos dos consumidores. Compõem o SNDC os seguintes órgãos e entidades de proteção e defesa do consumidor:

* **Procon** - órgão do governo do estado ou da prefeitura que visa a elaborar, coordenar e executar a política estadual ou municipal de proteção e defesa do consumidor, articular e coordenar os sistemas estaduais ou municipais de proteção ao consumidor, promover o atendimento ao consumidor e fiscalizar as infrações aos direitos dos consumidores no âmbito de sua competência territorial.

* **Defensoria Pública** - promove assistência e orientação jurídica gratuita aos consumidores e atua na sua defesa coletiva.

* **Ministério Público** - atua na defesa dos interesses difusos e coletivos dos consumidores.

* **Entidades Civis** - atuam na proteção e defesa do consumidor representando interesses gerais e setoriais da sociedade civil perante o mercado e órgãos públicos.

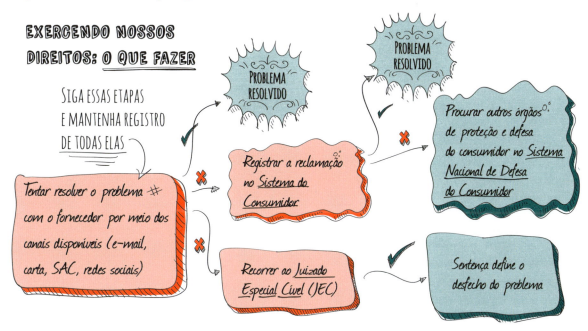

PASSO A PASSO – Exemplo de exercício dos direitos do consumidor em um caso envolvendo uma operadora de telefonia celular

Imagine que você contratou um serviço de telefonia celular e veio uma cobrança indevida na sua conta telefônica. De acordo com o Regulamento Geral de Direitos do Consumidor de Serviços de Telecomunicações - RGC, Resolução n. 632/2014 da Agência Nacional de Telecomunicações (Anatel), o prazo para contestar cobranças indevidas é de três anos. Assim, antes de iniciar a contestação, você deve examinar bem o contrato para se certificar de que a cobrança é de fato indevida. Depois de constatada a impropriedade, você resolve fazer a reclamação. Veja como poderia ser o seu passo a passo no caminho de defesa dos seus direitos de consumidor.

1. Telefone para a operadora, faça a sua reclamação e anote o número do protocolo de atendimento que a empresa operadora é obrigada a lhe informar. A partir de então, a operadora tem 30 dias para lhe responder e/ou devolver em dobro os valores indevidamente cobrados e pagos, acrescidos de correção monetária e juros.

2. Se esse caminho não funcionar, o próximo passo é fazer uma reclamação junto à agência reguladora dos serviços de telefonia, que é a Anatel. Nesse momento, tenha em mãos o número do protocolo de atendimento da operadora. Você pode fazer sua reclamação com a Anatel via internet, por meio da Central de Atendimento Telefônico no número 1331 (ou 1332 para deficientes auditivos) ou pessoalmente. Ao fazer isso, você receberá um número de solicitação da Anatel. Guarde-o com cuidado para futuros contatos com a Anatel.

3. Feita a reclamação na Anatel, esta entrará em contato com a operadora de telefonia, que, por sua vez, terá cinco dias úteis para entrar em contato com você e lhe dar uma resposta quanto à sua queixa. Atenção: quem deverá entrar em contato com o consumidor após a solicitação na Anatel é a operadora de telefonia celular e não a Anatel.

4. Se, após esse prazo, a operadora não responder, o consumidor pode entrar em contato novamente com a Anatel para reiterar sua reclamação. Se a operadora tiver respondido, mas a resposta não tiver sido adequada, você tem até quinze dias úteis para entrar em contato novamente com a Anatel e solicitar a reabertura da reclamação original.

Sua reclamação é importante para que a Anatel possa monitorar a quantidade e o motivo das reclamações contra cada operadora, o tempo que elas levam para responder e a qualidade das respostas, para cobrar delas um nível de atendimento cada vez melhor.

INDO MAIS FUNDO ////////////////////////////////////

Se você quiser ir mais fundo nesse assunto, siga adiante para ver que o CDC proíbe determinadas práticas dos fornecedores, por considerá-las abusivas. Além dos órgãos de proteção e defesa do consumidor, a via judicial também pode ser utilizada para que você reclame acerca da violação dos seus direitos.

Práticas abusivas

O CDC estabelece que determinadas práticas comerciais são proibidas por ferir os direitos dos consumidores. Por isso, são consideradas abusivas. As principais práticas abusivas são:

I - Condicionar o fornecimento de produto ou de serviço ao fornecimento de outro produto ou serviço, bem como, sem justa causa, a limites quantitativos.

Trata-se da "venda casada", que ocorre quando o fornecedor condiciona o consumidor que deseja adquirir o produto ou serviço X a também adquirir o produto ou serviço Y. Essa atitude desrespeita o direito de livre escolha. É o caso, por exemplo, de uma indústria que venda cerveja e refrigerante determinar que um restaurante só possa comprar sua cerveja se também adquirir o seu refrigerante. Ou quando uma pessoa que queira fazer curso de inglês descobre que será obrigada a comprar o caderno e as canetas vendidas pelo curso.

Limitar a quantidade de compra, por exemplo, a "só duas unidades por pessoa", sem um bom motivo para isso, como "ser um gênero alimentício de primeira necessidade que está em falta", também é proibido.

II - Recusar atendimento às demandas dos consumidores, na exata medida de suas disponibilidades de estoque e, ainda, de conformidade com os usos e costumes.

Você pode estar se perguntando por que algum fornecedor se negaria a atender às demandas de um consumidor. O CDC, aqui, se refere a situações de discriminação racial, religiosa, sexual, preconceito contra classe social ou nível de renda, dentre outros. Esta atitude é proibida por lei. O fornecedor só pode se recusar a vender um bem ou a prestar um serviço quando houver uma determinação legal que o impeça, como, por exemplo, vender bebida alcoólica ou cigarro para menores de idade. Contudo, é preciso observar que o fornecedor tem o direito de recusar determinadas formas de pagamento, como o cartão de crédito. Para tal, deverá informar previamente o consumidor.

III - Enviar ou entregar ao consumidor, sem solicitação prévia, qualquer produto ou fornecer qualquer serviço.

Quaisquer produtos ou serviços que sejam fornecidos sem pedido do consumidor devem ser considerados como sendo amostras grátis. O caso clássico de produto não solicitado é o envio de cartões de crédito "pré-aprovados" por parte das instituições financeiras.

IV - Prevalecer-se da fraqueza ou ignorância do consumidor, tendo em vista sua idade, saúde, conhecimento ou condição social, para impingir-lhe seus produtos ou serviços.

O CDC considera todos os consumidores vulneráveis. Contudo, apesar desta característica comum a todas as pessoas que adquirem ou utilizam produtos/serviços, há ainda aqueles que são considerados hipossuficientes, como os idosos e as crianças. Assim, levar um idoso a contratar algo contra seu interesse, sem ele compreender o que está contratando, é considerado uma prática abusiva.

V - Executar serviços sem a prévia elaboração de orçamento e autorização expressa do consumidor, ressalvadas as decorrentes de práticas anteriores entre as partes.

Esta determinação visa a garantir que o fornecedor não execute um serviço que não tenha sido previamente autorizado pelo consumidor. Antes de fechar a transação, o consumidor tem o direito de receber um orçamento no qual estejam explicitados os prazos de execução, bem como os custos com material, mão de obra etc. O orçamento tem validade de dez dias, a menos que haja alguma estipulação especial. Aqui se deve tomar cuidado com o já mencionado problema da inércia, no qual o consumidor se deixa levar aceitando serviços "empurrados" pelo fornecedor e acaba deixando as coisas como estão.

VI - Colocar, no mercado de consumo, qualquer produto ou serviço em desacordo com as normas expedidas pelos órgãos oficiais competentes ou, se normas específicas não existirem, pela Associação Brasileira de Normas Técnicas (ABNT) ou outra entidade credenciada pelo Conselho Nacional de Metrologia, Normalização e Qualidade Industrial (Conmetro).

Existem órgãos como a Senacon, o Inmetro, o Banco Central, o Ministério da Agricultura, Agropecuária e Abastecimento (Mapa) e agências reguladoras, como a Agência Nacional de Vigilância Sanitária (Anvisa) e a Anatel, que controlam diversos produtos ou serviços, especificando normas e padrões que devem ser obedecidos para preservar a saúde e a segurança dos consumidores.

VII - Elevar sem justa causa o preço de produtos ou serviços.

Nos setores que têm preços controlados pelo governo, como o transporte coletivo público viário (ônibus, barcas, trem, metrô), os aumentos de preços pelas empresas podem ser considerados como violações do CDC. Além disso, se um grupo de fornecedores se unir para combinar preços e limitar a concorrência, criando "um clube" em que ninguém mais consegue entrar, prejudicando os consumidores, isso constitui uma prática de cartel, que é ilegal.

VIII - Aplicar fórmula ou índice de reajuste diverso do legal ou contratualmente estabelecido.

Em contratos de longo prazo, como em alguns casos de prestação de serviço, é comum que o valor a ser pago mês a mês seja reajustado anualmente. O índice estabelecido pelo contrato, desde que não abusivo, será o parâmetro para os reajustes.

Em 16 de abril de 1985, a Assembleia Geral da Organização das Nações Unidas (ONU) publicou a Resolução n. 39/248, sugerindo diretrizes a serem adotadas por seus países-membros, reconhecendo a fragilidade do consumidor diante do mercado. A Constituição Federal brasileira de 1988 estabeleceu que é dever do Estado (União, Estados, Municípios e Distrito Federal) promover a defesa do consumidor e determinou que fosse elaborada uma lei para proteger e defender os consumidores. Assim, surgiu o Código de Defesa do Consumidor (Lei Federal n. 8.078/90) que passou a vigorar a partir de 11 de março de 1991.

Anatel
http://bit.ly/1qgUuGd
http://bit.ly/1mGjp2P

Código de Defesa do Consumidor
http://bit.ly/13dEfDb

Exercendo direitos
Modelo de carta para formalização de reclamação a ser enviada ao fornecedor
http://bit.ly/1yDYMxz

Verificando reclamações sobre uma empresa
http://bit.ly/1s3UdKj

Verificando se uma empresa possui domínio registrado do site
http://www.registro.br

Registrando reclamações
http://www.consumidor.gov.br
http://www.portaldoconsumidor.gov.br

Garantias
http://bit.ly/1usR031

Juizado Especial Cível
http://bit.ly/1zc4Qer

Procon
http://bit.ly/12SfviA

Viés da inércia
http://bit.ly/16bKCIl

Se você achou que foram muitas informações para processar e acha que precisa de uma ajuda, que tal se sentar com um familiar ou um amigo e ler, junto com ele, o que você encontrou aqui sobre o CDC e sobre os órgãos de proteção e defesa do consumidor brasileiro? Assim, você não apenas estará ajudando a divulgá-las, como também terá uma pessoa para trocar ideias sobre este assunto tão importante: os seus direitos como consumidor!

Se você conseguiu organizar as principais informações sobre o tema, que tal utilizar os conhecimentos adquiridos para ajudar um familiar ou um amigo a lutar por seus direitos de consumidor em relação a alguma compra ou algum serviço que deu problema?

Navegue no site www.consumidor.gov.br e observe como é possível saber como certas empresas andam se comportando em relação às reclamações dos consumidores. Que tal você procurar se informar sobre algumas das empresas que fornecem os produtos e serviços que você consome?

Você aprendeu a

- Identificar os direitos básicos do consumidor?

- Identificar os órgãos e entidades que promovem a proteção e a defesa do consumidor brasileiro?

- Organizar as ações que deve realizar para exercer seus direitos de consumidor?

NÃO TROQUE O CERTO PELO DUVIDOSO

Roberto e Otávio são vizinhos e amigos de infância. Otávio é vendedor de carros usados e está passando por dificuldades para fechar as contas do mês. De vez em quando, eles se encontram no ponto de ônibus indo para os respectivos trabalhos.

– Fala, Otávio! Como está a vida?

– A vida está ótima, cara. Já eu, ando com a grana curta...

– Mas você continua no mesmo trabalho, né?

– Continuo. O salário até que não é ruim.

– Então, qual é o problema?

– É que ele só entra uma vez por mês. Se entrasse duas vezes, seria perfeito.

– É, acho que esse é o problema da maioria dos empregos.

– O negócio é que, nessa época do ano, eu costumava vender bem e ganhar bastante comissão e comprei o último modelo do Espertofone contando com isso.

– E, obviamente, o dinheiro não entrou.

– Pois é. Agora, nunca vi sobrar tanto mês no fim do salário.

– Mas, cara, você não está contando com o ovo ainda dentro da galinha, não?

– Ô, sem baixaria, hein?!

– Não, bicho. Falando sério. Mais vale um pássaro na mão...

– Tá, já sei. Mais vale um pássaro na mão do que devagar se vai ao longe!

– Quase isso.

– É, você tá certo. Acho que, se eu maneirar nas despesas, no mês que vem já consigo comprar créditos para o celular e ver como ele funciona!

Há pessoas que não conseguem equilibrar suas contas e estão sempre enfrentando dívidas e adiando seus sonhos.

Todo mês enfrentamos despesas, pagamos contas, e, para fazer frente a esses gastos, precisamos ganhar dinheiro. E uma verdade muito clara é que não se pode gastar mais do que se ganha. Contudo, muitas pessoas se enganam justamente nesse ponto: o quanto ganham. O dinheiro que as pessoas recebem é o que se chama de receita.

Na nossa história, Otávio contou com o dinheiro das comissões de vendas antes de recebê-las de fato. Essa é uma armadilha conhecida como "**otimismo excessivo**", em que as pessoas tomam eventos que ainda não aconteceram como certos e garantidos: receber uma promoção, ganhar comissões, receber um dinheiro da madrinha pelo aniversário etc.

OTIMISMO EXCESSIVO

É uma atitude que leva as pessoas a tomarem decisões das quais se arrependem depois. Isso foi o que aconteceu com Otávio, que comprou um smartphone novo contando com o dinheiro de comissões que ainda iria receber por vendas que ainda iria fazer. As vendas não surgiram, as comissões não vieram, mas ele tem as prestações do smartphone a pagar. Por isso o conselho de Roberto: receber primeiro para gastar depois.

As receitas estabelecem, então, o teto do que podemos gastar. Mas quais são os tipos de receitas que existem? Basicamente podemos falar em receitas fixas e variáveis.

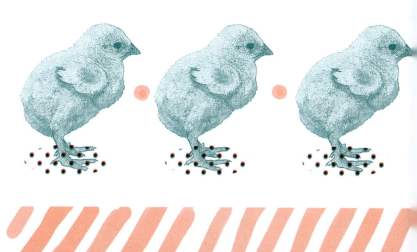

Receitas fixas e variáveis

 Receitas fixas são aquelas com as quais podemos contar todo mês e seu valor não varia significativamente no curto prazo. Salários, pensões, aposentadorias, bolsas de auxílio e mesmo o recebimento de aluguéis são exemplos de receitas fixas. Você sabe quando elas virão, em que dia virão e qual o seu valor.

PRAZO

Costuma-se referir a três tipos de prazo: curto, médio e longo. Embora não haja uma definição precisa a respeito da duração de cada um, muitos economistas, quando estão fazendo uma análise da situação do país ou o aconselhamento para os planos futuros de uma família, usam a seguinte escala:

- curto prazo – 1 a 2 anos
- médio prazo – 3 a 9 anos
- longo prazo – acima de 10 anos

É fácil perceber como alguém pode se enganar com as receitas que variam mês a mês, como as comissões de vendas. Mas as pessoas podem se enganar também sobre as suas receitas fixas, aquelas que recebem normalmente, no mesmo valor, todo mês.

Imagine o seguinte caso: Lidiane é funcionária em uma empresa e foi contratada com carteira assinada com um salário de R$ 1.000,00 por mês. Após um mês de trabalho, Lidiane recebe menos de R$ 1.000,00 e vai até o Departamento de Recursos Humanos em busca de explicações. O gerente de RH explica a Lidiane que o valor de R$ 1.000,00 é o do "salário bruto" e que há **descontos obrigatórios**, dependendo do montante do salário. Feitos esses descontos e outros, o que resta é o "salário líquido". Se você é assalariado, procure entender o seu contracheque porque, ao planejar sua vida financeira, você precisa ter como base o seu salário líquido.

DESCONTOS OBRIGATÓRIOS

Os principais descontos obrigatórios são o do Instituto Nacional de Seguridade Social (INSS) e o do Imposto de Renda (IR).

O recolhimento feito ao INSS – órgão público do governo federal – destina-se ao pagamento da aposentadoria, pensão por morte, auxílio-doença e auxílio-acidente, entre outros benefícios previstos em lei.

O IR, por seu turno, é um imposto federal que consiste em uma percentagem da renda média anual de uma pessoa ou empresa. Não há destinação fixa para esse dinheiro. O governo o utiliza para garantir diversos aspectos do bem-estar público.

* Atenção: não é só o assalariado que precisa pensar em termos de "bruto" e "líquido". Outras receitas estão sujeitas a descontos. Portanto, é bom nos acostumarmos a pensar sobre essa diferença entre receita líquida e bruta.

Receitas variáveis são aquelas que têm presença inconstante no orçamento. Autônomos, profissionais liberais e empresários possuem receita variável, pois seus ganhos decorrem das vendas ou prestação de serviços que realizam para seus clientes. Pode inclusive ocorrer de esses profissionais passarem um ou mais meses sem ter qualquer receita se ficarem sem sua clientela. Contudo, essas pessoas geralmente conseguem prever as suas receitas, pelo menos em parte, estudando o mercado, pesquisando, analisando o histórico da média de ganhos por mês em cada ano. Com isso, conseguem fazer seu orçamento. Uma manicure pode saber por experiência quais são as épocas do ano em que tem mais clientes, além de contar com as clientes fixas. A dona de uma loja para turistas em uma região de praia sabe que no verão o seu negócio tende a vender mais devido à alta temporada, quando há mais turistas na cidade. Da mesma forma, também sabe que, se chover ou se cair o poder aquisitivo das pessoas, menos turistas virão à cidade e ela venderá menos. Por isso, ela deve ficar atenta às notícias sobre meteorologia e sobre a situação econômica do país.

É o caso do vendedor Otávio, que tem um salário mensal como receita fixa e as comissões como receita variável. Ainda assim, ele deve tomar cuidado ao planejar sua receita variável para não contar com o que ainda não existe. Em nossa história, Otávio vendeu menos do que o esperado. Talvez estivesse havendo um problema de desemprego naquele momento que pode ter feito com que as pessoas adiassem certas despesas, deixando para comprar determinados itens quando a situação melhorasse. Obviamente, se as pessoas deixam de comprar, as vendas caem e, se as vendas caem, as comissões dos vendedores também caem. Otávio deveria ter acompanhado a situação da economia para se precaver contra essa possibilidade de redução na sua receita variável.

> Há profissionais que têm receita fixa e variável ao mesmo tempo.

As receitas variáveis também podem ser classificadas em previsíveis ou inesperadas.

 Receitas variáveis previsíveis: apesar de sua inconstância no orçamento, há receitas variáveis que se podem prever. Mas, se elas são variáveis, como é possível prevê-las? Simples: são as receitas variáveis que, a partir da própria experiência e de pesquisas, conseguimos prever até certa medida. Por exemplo:

» Comissões: vendedores costumam ter um salário fixo (receita fixa) e comissões (receita variável) que recebem de acordo com as vendas que fazem. Um vendedor experiente tem uma boa noção de quanto costuma vender por mês. Por isso, consegue prever em quais meses terá um dinheirinho a mais e em quais meses a tendência é vender pouco.

» Gorjetas: diversos profissionais prestadores de serviços estão acostumados a receber gorjetas que complementam seus salários fixos.

» Receitas sazonais: alguns setores fazem contratações extras em certas épocas do ano. O setor do turismo, por exemplo, faz contratações de serviços temporários nos meses de alta temporada, quando a cidade recebe muitos turistas. O comércio costuma fazer o mesmo em épocas de maior venda, como no Natal. É comum que esses estabelecimentos chamem pessoas cujo trabalho eles já conhecem e em que confiam, ou seja, há pessoas que normalmente fazem esse tipo de serviço nessa época do ano, podendo prever essa receita.

 Receitas variáveis inesperadas: são aquelas que surgem sem que se possa prevê-las. Pode ser um prêmio na loteria, uma herança, uma contratação temporária para um serviço extra com o qual não se contava etc.

Esta é uma oportunidade que tem de ser bem aproveitada. Há vários casos de pessoas que tiveram uma sorte dessas, mas depois perderam tudo ficando endividadas. Quais foram os erros que essas pessoas cometeram?

Algumas simplesmente pararam de trabalhar e saíram gastando o dinheiro que receberam. É preciso lembrar que, por maior que seja a quantia recebida, se o dinheiro não for investido, um dia ele acaba. E, se as despesas forem muito altas com itens supérfluos, o dinheiro acaba mais rapidamente ainda. Outras pessoas perderam seu dinheiro investindo mal ou abrindo negócios dos quais pouco ou nada entendiam, fazendo isso de forma amadora e mal planejada.

Portanto, se uma pessoa recebe uma quantia inesperada, o ideal é manter a calma. Se há dívidas, o primeiro passo é quitá-las. Depois, deve-se pensar bem antes de tomar decisões importantes. É claro que uma receita inesperada é motivo de celebração, mas esbanjar e torrar o dinheiro não ajuda em nada.

Resumindo: o primeiro passo para organizarmos as contas é analisar as receitas de que dispomos, para termos certeza do valor que vamos receber. Vamos relembrar os três diferentes tipos:

1. **receitas fixas**: observe o valor bruto e líquido.

2. **receitas variáveis previsíveis**: quantifique o seu valor aproximado e quando serão recebidas. Para isso, uma sugestão é observar o comportamento deste tipo de receita ao longo de um ano.

3. **receitas variáveis inesperadas**: por não ser possível prevê-las, só se pode contar com elas depois de existirem de fato.

O segundo passo é começar a fazer o seu orçamento registrando suas receitas. **Um orçamento é uma ferramenta que facilita o controle de sua vida financeira.** Nada mais é do que uma tabela na qual são anotadas:

» **receitas**, ou seja, o dinheiro que entra;

» **despesas**, o dinheiro que sai; e

» **saldo**, que corresponde ao resultado da diferença entre as receitas e as despesas.

A análise das despesas é o assunto do próximo capítulo e é nele que você poderá ver um orçamento completo.

INDO MAIS FUNDO ///

Agora que você aprendeu a analisar suas receitas, pode se perguntar: como faço para aumentá-las?

Aumentando a receita

Após analisar suas receitas, você pode iniciar um projeto para aumentá-las. Esta atitude requer iniciativas de curto, médio e longo prazos.

No curto prazo você pode estudar o ambiente ao seu redor. Procure perceber quais são os produtos e serviços que as pessoas das suas relações – no trabalho, na comunidade – estão precisando. Atente para as reclamações e dificuldades que as pessoas enfrentam em seu dia a dia. Há alguma necessidade que não esteja sendo atendida e para a qual você possa desenvolver um produto ou oferecer um serviço?

Em seguida, uma vez de posse dessas informações, analise as competências que você possui e busque a qualificação necessária para eventualmente prestar algum desses serviços ou produzir e comercializar algum desses produtos cuja necessidade você tenha percebido. Uma das instituições que oferece opções de qualificação é o Senac. Para conhecê-las, visite uma de suas Unidades Regionais ou acesse seu website.

Para prazos mais longos, você pode adotar outras estratégias, como abrir seu próprio negócio. E, para ser um empreendedor de sucesso, você precisa ter uma atitude empreendedora, criatividade, iniciativa e determinação, além de dominar os conhecimentos básicos da área. Por exemplo, para abrir uma loja de produtos de informática, você deve entender de hardware e software para poder escolher os melhores produtos, negociar com fornecedores, atender às dúvidas de clientes e escolher o melhor ponto para a sua loja, dentre outras coisas. O mesmo vale para outros negócios, como lanchonetes, salões de beleza etc. O mundo está cheio de negócios que quebraram porque seus proprietários eram pessoas que resolveram investir em uma área sem ter um conhecimento mínimo. Abrir um restaurante sem jamais ter trabalhado na área, apenas porque "todo mundo tem que comer" não é garantia de sucesso. Contudo, há alternativas para o caso de o empreendedor não ter conhecimento ou experiência suficiente na área escolhida: ele pode contratar ou associar-se a alguém de confiança que entenda do negócio ou buscar uma franquia.

Para ter sucesso, você também precisará de um plano de negócios. Instituições como o Senac e o Sebrae oferecem cursos nessas áreas de gestão. Portanto, é bom pesquisá-los antes e se qualificar, se você realmente pretende abrir o seu próprio negócio, e até mesmo para decidir se tem os recursos necessários ou se precisa de um sócio.

Analise as opções e escolha o caminho que lhe parece ser o mais indicado de acordo com suas competências e os seus objetivos de aumento de receita. Boa sorte!

CURIOSIDADE

Foi em 1979 que surgiu a ideia de associar um leão ao Imposto de Renda. Nesse ano, a Secretaria da Receita Federal queria uma campanha publicitária para divulgar o programa do IR em escala nacional.

Logo que saiu, a figura do leão ficou ligada ao imposto de renda. Foi uma ideia tão boa que em dez anos foram produzidas cerca de trinta peças publicitárias.

Atualmente, até os dicionários, como Houaiss, Aurélio, Sacconi e o Dicionário da Academia Brasileira de Letras ampliaram suas definições do verbete "leão" para incluir aquela que o relaciona ao IR.

Empreendedorismo
http://www.senac.br/
http://bit.ly/1smvtsf
http://bit.ly/1IGk2WD

Receitas fixas e variáveis
http://bit.ly/1GqiOpB

Relação entre escolaridade e renda
http://bit.ly/12zElEe

Você sabia? – A origem do leão do imposto de renda
http://abr.ai/1zVs1Jn

Que tal iniciar o seu orçamento anotando as suas receitas? Utilize a tabela.

RECEITAS	FIXAS		VARIÁVEIS		TOTAL
	Exemplos: salário, pensão, aluguel recebido	VALOR	Exemplos: comissão de vendas, gorjetas	VALOR	
	TOTAL DE RECEITAS FIXAS:		TOTAL DE RECEITAS VARIÁVEIS:		(TOTAL A)

Que tal analisar o seu contracheque observando os descontos, o salário bruto e o salário líquido?

Caso precise aumentar sua receita, o que você fará?

Você aprendeu a

- Diferenciar receitas fixas e variáveis?
- Registrar, em uma tabela, suas receitas fixas e variáveis?
- Diferenciar salário bruto e líquido?
- Identificar os primeiros passos para aumentar a receita?

6

QUEM TUDO QUER TUDO PERDE

É quarta-feira, dia oficial em que Maurício e Zeca têm uma boa desculpa para encontrar os amigos no Bar do Seu Manuel para assistir a mais uma rodada do Brasileirão. Zeca precisa acordar cedo no dia seguinte e pede a conta.

– Mas, ô, Seu Manuel! Que conta é essa? Tá escrito aqui "2 horas e 30 minutos de TV a cabo, uso da descarga do banheiro oito vezes, três mililitros de sabão líquido, 12 folhas de papel-toalha, aluguel de quatro cadeiras e uma mesa, uso de três lâmpadas fluorescentes por 120 minutos", fora a batata e as bebidas!

– Veja bem. Muitos clientes que vinham aqui desandavam a reclamar que eu estava cobrando muito caro pelos petiscos e pela bebida. Eu resolvi explicar direitinho exatamente o que eu estou cobrando.

– Mas isso não é justo! Nós já somos clientes há tanto tempo!

– É verdade. Se repararem no pé da conta, tem ali um percentual que é o de reajuste do aluguel. Só para fregueses cativos.

– Sei... Só falta agora o senhor contar quantas tiras de batata frita cada um de nós comeu!

– Não falta, não. Está anotadinho aí.

– O senhor vai descontar as três tiras de batata queimadas que sobraram e voltaram para a cozinha, então?

– Claro que não. A batata queimada faz parte do risco do negócio que vocês assumiram. O custo já está embutido.

– Que absurdo! Então, o lugar mais barato para encontrar os amigos agora é o supermercado!

– Como reclamam! E olha que eu nem cobrei o uso do ar-condicionado!

– Tudo bem, já entendi. Mas não dá para dar um desconto pelo menos no item "prestação do carro"?

Pelo visto, o Senhor Manuel gosta das coisas muito bem explicadinhas e por isso colocou uma conta que apresenta todos os detalhes dos seus gastos. De fato, para poder decidir o quanto cobrar pelas comidas e bebidas que serve, ele precisa conhecer e organizar todas as suas despesas. Só assim poderá gerar uma receita que as cubra. É bem verdade que, ao cobrar uma parte da prestação do seu carro, o Seu Manuel está exagerando um pouco...

Mas, e você? Tem ideia de quanto está gastando? E com o que você está gastando? Quais são as suas maiores despesas?

Muitas pessoas não são capazes de responder a essas perguntas, elas apenas percebem que estão gastando demais. Daí elas tentam economizar, mas nem sabem por onde começar.

Por exemplo: você pode estar se esforçando para reduzir suas despesas com transporte, quando, na verdade, o problema é que está gastando demais com alimentação por estar almoçando fora todos os dias. Por isso, é importante analisar e organizar as suas despesas. Essa foi a grande lição que Zeca aprendeu com seu Manuel e que pretende começar a aplicar para resolver seus problemas o mais rapidamente possível! Vejamos o que ele fez.

Se você não conhece suas despesas, fica difícil reduzi-las.

Ao chegar à sua casa, Zeca, animado, logo começa um levantamento das despesas mensais da família. Sua esposa Bianca chega do serviço e, ao se inteirar das intenções de Zeca, se junta a ele no levantamento. Bianca observa que, em primeiro lugar, precisam garantir o pagamento das despesas necessárias à manutenção da família, para depois prever as despesas ligadas ao lazer. Como diz o ditado, primeiro a obrigação e depois a diversão. É claro que todo mundo precisa se divertir para ter uma vida saudável, e é só planejar bem para gastar dentro de suas possibilidades.

Zeca apura rapidamente as despesas de aluguel e do Imposto Predial e Territorial Urbano (IPTU). Depois, analisa as contas de luz dos últimos meses. Para as despesas de alimentação, ele e Bianca verificam no extrato de suas contas bancárias o quanto gastaram no mercado nos últimos meses, pois sempre pagam essas contas com o cartão de débito. Depois, cada um calcula a sua despesa de transporte. Porém, ao tentar levantar as pequenas despesas do dia a dia, como lanches, roupas, pequenos imprevistos da casa etc., as dificuldades aparecem. Talvez aí esteja o problema!

Nesse momento, Zeca e Bianca tomam uma decisão que vai mudar suas vidas: resolvem, por umas duas semanas, **anotar todas as suas despesas**. O que eles precisam é saber o quanto estão gastando com essas pequenas despesas que, somadas, podem virar um gasto grande.

Em seguida, o casal avança na organização das despesas, classificando-as em fixas e variáveis.

Despesas fixas e variáveis

As fixas são aquelas que estão sempre no orçamento. Já as despesas variáveis são esporádicas.

Os valores das despesas fixas podem variar – como o que acontece com a conta de energia no inverno e no verão – ,mas não há como deixar de pagá-las. Dentre as principais despesas fixas, podemos citar o aluguel ou a prestação da casa própria, condomínio, mensalidades escolares, parcelamento do IPTU, mensalidade do plano de saúde etc.

Observe que as despesas fixas podem ter valores mensais diferentes ao longo do ano. Nesse caso, estamos falando de despesas que ocorrem todo mês, ou frequentemente, mas cujo montante pode variar sensivelmente, como, por exemplo, luz, telefone, água, alimentação etc. Contudo, a frequência com que essas variações ocorrem permite que muitas delas possam ser previstas com razoável exatidão. Por meio de uma análise das despesas fixas com valores variáveis, estas podem ser revistas e reduzidas, permitindo que uma pessoa faça economia.

DESPESAS FIXAS COM VALORES VARIÁVEIS

É comum que nas regiões mais quentes do Brasil a conta de luz suba nos meses de verão devido ao uso de ventilador ou ar-condicionado. Por outro lado, nas regiões mais frias, a conta de luz sobe no inverno devido ao uso de aquecedores. Do mesmo modo, o gasto com alimentação pode variar um pouco mês a mês, mas deve ficar dentro de uma determinada margem. Não é comum gastar R$ 500,00 em um mês com compras do mercado e no mês seguinte gastar R$ 1.000,00!

Já as **despesas variáveis** não são previsíveis. Portanto, não há como antecipá-las com exatidão no orçamento mensal. Porém, é preciso criar uma reserva para atender a essas despesas se e quando elas ocorrerem. Os melhores exemplos de despesas variáveis são exames médicos, conserto de carro e viagens, entre outros.

Zeca e Bianca definiram que suas despesas com aluguel, condomínio, IPTU e educação são fixas com valor constante e que as demais são fixas com valores variáveis, pois, apesar de alimentação, luz e transporte serem constantes no orçamento, elas podem diminuir seu valor.

Categorização de despesas

Após identificar: **(a)** as suas despesas fixas, **(b)** quais delas têm valores variáveis, e **(c)** quais são as despesas variáveis, chegou o momento de organizá-las em categorias. Somente assim você poderá descobrir o quanto, por exemplo, a alimentação está pesando em seu orçamento ou o quanto você realmente está gastando com transporte.

Existem diferentes formas de definir categorias para as despesas. De modo mais detalhado ou mais amplo, escolha o caminho que for mais fácil para seu controle pessoal. Cada pessoa terá seus critérios próprios para organizar despesas.

As categorias a seguir são apenas um exemplo. Fique livre para fazer as adaptações necessárias à sua própria realidade.

CATEGORIA	FIXA	VARIÁVEL
HABITAÇÃO: inclui despesas regulares da casa	Aluguel ou prestação da casa própria, condomínio, luz, água, esgoto, gás, telefone, seguro residencial etc.	
MANUTENÇÃO DO LAR: despesas com limpeza e manutenção	Material de limpeza	Reparos eventuais, reformas, eletrodomésticos
ALIMENTAÇÃO	Compras de mercado, feira	Refeições e lanches feitos fora de casa
SAÚDE	Plano de saúde	Remédios, tratamentos médicos, dentista etc.
EDUCAÇÃO	Mensalidade escolar (para instituições privadas de ensino)	Material de estudo, uniformes, dinheiro para passeios escolares
TRANSPORTE	Passagens de ônibus, trem, metrô ou barca, gasolina	Consertos do veículo usado
HIGIENE	Produtos de higiene pessoal, de limpeza de roupas, de limpeza geral da casa	
LAZER	Almoço fora aos domingos	Festas, shows, cinema, compra de DVDs
OUTROS: pequenas despesas que não entram nas categorias acima		

CRITÉRIOS PRÓPRIOS PARA ORGANIZAR DESPESAS

Duas pessoas podem classificar a mesma despesa de forma diferente, de acordo com sua realidade ou sua percepção de vida. Por exemplo, uma pessoa que faça ginástica em uma academia porque está sedentária e acima do peso pode considerar essa despesa mensal como sendo de saúde. Já uma pessoa que faça ginástica na mesma academia para se distrair e conversar com amigos pode considerá-la como sendo de lazer. Da mesma forma, receber a família para um churrasco aos domingos é uma despesa de alimentação ou de lazer? Depende do caso. O importante é que você mantenha o mesmo critério ao classificar suas despesas para que possa compará-las mês a mês.

A classificação de Zeca e Bianca ficou assim:

CATEGORIA	FIXAS	VARIÁVEIS	TOTAL
HABITAÇÃO	Aluguel (R$ 780,00); condomínio (R$ 150,00); IPTU (R$ 86,00); luz (R$ 180,00); gás (R$ 50,00); telefone fixo (R$ 30,00)		R$ 1.276,00
ALIMENTAÇÃO	Mercado (R$ 800,00)	Comer fora (R$ 80,00)	R$ 880,00
SAÚDE	Plano de saúde (R$ 300,00)	Remédios (R$ 40,00)	R$ 340,00
EDUCAÇÃO	Curso de aperfeiçoamento de Pedro (R$ 370,00); escola de dança da filha (R$ 60,00)	Material escolar (R$ 30,00)	R$ 460,00
TRANSPORTE	Passagens de ônibus (R$ 132,00)		R$ 132,00
LAZER	Passeios (R$ 130,00)		R$ 130,00
HIGIENE	Produtos de higiene pessoal (R$ 40,00)		R$ 40,00
MANUTENÇÃO DO LAR	Produtos de limpeza (R$ 60,00); prestação do liquidificador (R$ 25,00)		R$ 85,00
OUTROS	R$ 80,00	R$ 64,00	R$ 144,00
Total	R$ 3.273,00	R$ 214,00	R$ 3.487,00

Depois de listar todas as despesas mensais, Zeca e Bianca as comparam com sua receita mensal, que é de R$ 3.600,00. Eles então chegam à conclusão de que suas despesas fixas ocupam uma parte muito grande de sua renda conjunta:

3.600,00 – 3.273,00 = 327,00. Isso significa que, após pagarem as despesas fixas, sobram apenas pouco mais de trezentos reais de suas receitas.

Desta forma, concluímos que eles têm dificuldades em economizar e que, ao menor descuido, podem ficar sem conseguir fazer frente às despesas. É interessante que eles estudem um pouco mais o seu orçamento para ver melhor onde estão gastando mais e para que possam reduzir os gastos de forma consciente.

É comum que as pessoas tentem logo reduzir as despesas com lazer por considerar este um gasto supérfluo. Mas o lazer é importante para uma vida saudável. Portanto, fazer um estudo mais cuidadoso da situação pode permitir reduzir gastos de forma mais eficiente. Nesse ponto, a diferença entre **preço e valor** ajuda bastante.

PREÇO E VALOR

Para a educação financeira, **preço é o quanto algo custa**, ou seja, o quanto você tem que pagar por alguma coisa. Por exemplo, uma nova televisão, bem maior, para que todas as pessoas da sua grande família possam assistir juntos aos seus programas favoritos nas tardes de domingo, pode custar algo como R$ 1.000,00. Esse é o preço que você terá de pagar em reais.

Já **o valor é algo subjetivo** e, por isso, é uma questão bastante pessoal. No exemplo acima, o quanto vale para você passar o domingo em lazer com sua família? O quanto isso vale em termos de alegria e boas lembranças?

Fechando o orçamento

Depois de registrar suas receitas, é hora de registrar as despesas, seguindo os passos indicados. Ao final, você saberá qual o saldo.

✳ **Anote quais são as principais despesas**: preferencialmente, faça isso durante um mês. Mas, se for muito complicado, procure fazê-lo por duas semanas. Anote em algo que esteja sempre à sua mão – caderno, celular, computador, tablet. Registre todas as despesas que você for fazendo diariamente: transporte, alimentação, entretenimento, roupas etc. Anote tudo, por menor que seja. Atualmente, há vários aplicativos para auxiliar no controle de sua vida financeira.

✳ **Classifique as despesas:** fixas e variáveis.

✳ **Organize as despesas em categorias:** habitação, alimentação, saúde, educação, transporte, lazer etc.

✳ **Registre essas despesas na tabela**: utilize o modelo de tabela apresentado a seguir, crie a sua própria tabela ou, ainda, experimente algum dos aplicativos financeiros existentes.

✳ **Calcule o saldo**: subtraia o total de despesas do total de receitas.

✳ **Analise o resultado**: se as receitas forem maiores que as despesas, o saldo é positivo; se as despesas forem iguais às receitas, o saldo é nulo; e se as despesas forem maiores que a receita o saldo é negativo. Por isso, é bom cuidar para não gastar mais do que ganha.

Modelo de tabela de orçamento com receitas e despesas fixas agrupadas por categorias:

RECEITAS	FIXAS		VARIÁVEIS		TOTAL
	Exemplos: salário, pensão, aluguel recebido	VALOR	Exemplos: comissão de vendas, gorjetas	VALOR	
	TOTAL de receitas fixas:		TOTAL de receitas variáveis:		(Total A)

DESPESAS	FIXAS		VARIÁVEIS		TOTAL
	ITENS	VALOR	ITENS	VALOR	
HABITAÇÃO					
MANUTENÇÃO DO LAR					
ALIMENTAÇÃO					
SAÚDE					
EDUCAÇÃO					

DESPESAS	FIXAS		VARIÁVEIS		TOTAL
	ITENS	VALOR	ITENS	VALOR	
TRANSPORTE					
HIGIENE					
LAZER					
OUTROS					
	TOTAL de despesas fixas:		TOTAL de despesas variáveis:		[Total B]
SALDO Total A – Total B:					

Com o orçamento fechado, podemos localizar onde, de fato, estamos gastando demais. Talvez não seja ir ao estádio de futebol ou passear em um shopping o principal gasto, mas as guloseimas que por lá compramos. Neste caso, uma solução é lanchar antes ou levar de casa algo para comer quando a fome apertar. Se gostamos de reunir amigos para conversar, vale considerar um sistema de rodízio em que, a cada semana, uma pessoa do grupo faz o papel de anfitriã da turma toda. Comer em casa sai bem mais barato quando todos se revezam.

A organização das despesas permite que decisões mais precisas possam ser tomadas no momento de reduzi-las.

INDO MAIS FUNDO ///

Ainda no processo de organização de controle de despesas, é possível atribuir-lhes "pesos relativos".

Peso Relativo

Tendo organizado suas despesas em categorias, agora é possível conhecer o peso relativo de cada uma delas. Basta dividir o montante gasto em cada categoria pelo total das despesas. Segundo os **especialistas em orçamento doméstico, o ideal é que as despesas com alimentação não superem um terço do orçamento**. Se o seu gasto estiver acima deste percentual, o problema pode ser resolvido trocando de marca para comprar produtos mais em conta. Ou mudar de latinhas de suco para sucos concentrados em garrafa.

Os especialistas também recomendam que os gastos com habitação não superem 30% do orçamento pessoal ou familiar. Por isso, entre alimentação e habitação já chegamos a cerca de 60% das despesas (33% alimentação + 30% habitação = 63%). Cuidado onde se vai gastar o dinheiro que resta da receita que entrou!

Ao estudar as despesas, podemos encontrar diferentes formas de economizar e a categorização ajuda nisso. Se alguém está gastando demais com transporte, precisará pensar em alternativas. Se não é possível reduzir as despesas com transporte, outra despesa terá de ser reduzida ou o dinheiro vai acabar antes do final do mês.

Pesquisar preços pode ajudar a encontrar boas ofertas, valorizando as promoções do comércio local. Enfim, há várias estratégias para reduzir despesas e, com isso, realizar as economias que nos permitirão investir e alcançar sonhos.

De acordo com o jornal *Daily Mail*, uma profunda transformação vem acontecendo na vida de uma família desde que o seu chefe perdeu o emprego como engenheiro eletrônico em 2010. De lá para cá, eles foram buscando meios de reduzir as despesas dos quatro membros da família. Três anos depois, eles já haviam conseguido atingir a espantosa soma total de apenas £50 em contas por ano (em 1º de setembro de 2014, cinquenta libras esterlinas correspondiam a R$ 185,50).

Quer saber o que eles fizeram? Apaixonados por jardinagem e por alternativas sustentáveis de vida, Yvonne e Steven Lucas, que vivem em Basingstoke, Hampshire, Inglaterra, passaram a cultivar os próprios legumes, verduras e frutas, a criar galinhas poedeiras e manter colmeias. Como a produção atinge níveis bastante satisfatórios, o excesso ainda é aproveitado para fazer geleias e compotas. Painéis solares captam energia natural e a água da chuva é aproveitada para limpeza e uso do banheiro.

Este é um belo exemplo de transformação de uma dificuldade em oportunidade para reduzir despesas e passar a ter uma vida melhor!

Análise de despesas
http://bit.ly/1BoycXn

APLICATIVOS FINANCEIROS

Finanças pessoais
http://bit.ly/19F1K3S

Gerenciador financeiro
http://bit.ly/1IIZkVX

Gestor financeiro
http://bit.ly/1wiQXLz

Orçamento inteligente
http://bit.ly/1q8rr4w

Organizze
http://bit.ly/1vIVQZx

Categorias de despesas
http://bit.ly/1Aqvfoi

Despesas fixas e variáveis
http://bit.ly/1yGz32x

Preço × valor
http://bit.ly/1BDmWcM

Você sabia? – A história de Yvonne e Steven Lucas
http://dailym.ai/1sj5Deh

Que tal olhar criticamente para o seu orçamento e verificar se não está na hora de reorganizá-lo de modo a abrir espaço para, por exemplo, uma poupança?

Que tal praticar melhor a diferença entre preço e valor? Remexa um pouco as suas gavetas e prepare-se para se desfazer de algumas coisas e poder abrir espaços para a entrada de coisas novas em sua vida. Nesse processo de arrumação de gavetas, exercite tomar consciência da sua relação com os objetos, perguntando-se que valor eles têm para você ou se você os venderia por algum preço.

Você aprendeu a

- Diferenciar despesas fixas e variáveis?
- Categorizar e analisar despesas?
- Diferenciar valor e preço?
- Fazer o seu orçamento pessoal?
- Identificar o peso relativo das despesas?

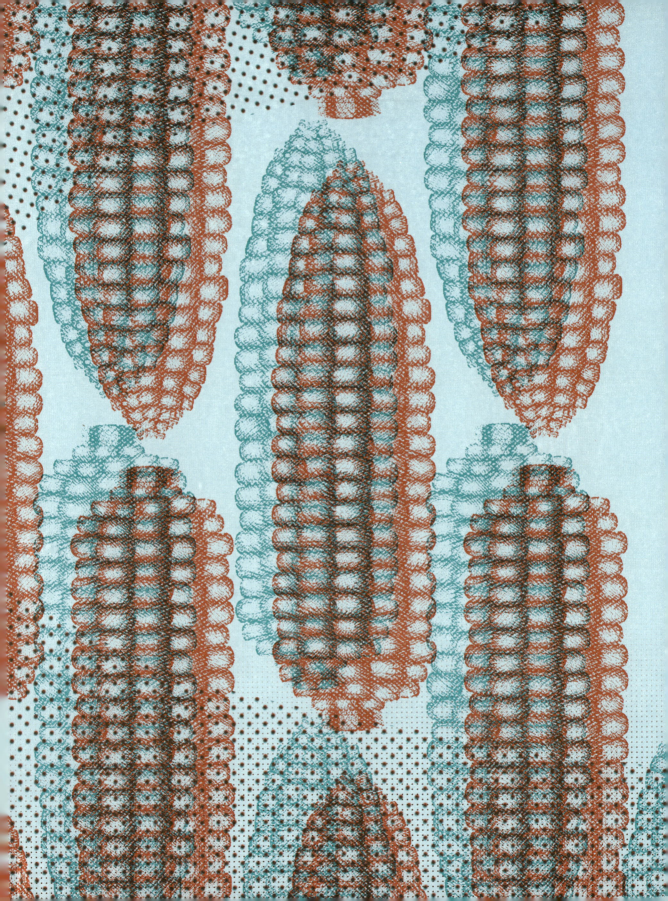

POUPANÇA: DE GRÃO EM GRÃO...

7

Mário Ricardo iniciou uma conversa com 45 pessoas.

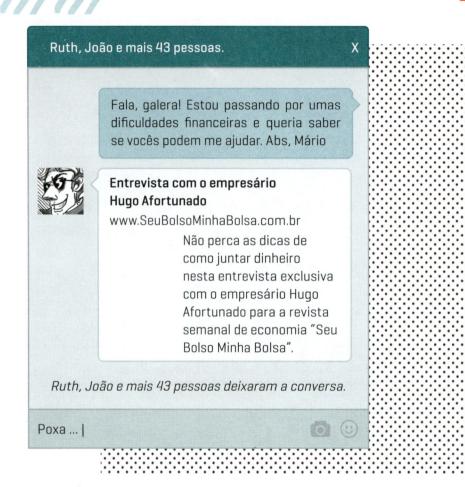

Entrevista exclusiva com o empresário Hugo Afortunado para a revista "Seu Bolso Minha Bolsa".

Seu Bolso Minha Bolsa: Hugo, qual o segredo para ser rico?
Hugo Afortunado: Nascer rico. Ou bilionário. Assim, se você perder dinheiro, passará a ser apenas milionário.

SBMB: Quando você descobriu que seria rico?
HA: Eu investia em colchões.

SBMB: Você teve uma colchoaria?
HA: Não, não. Eu guardava dinheiro no colchão, com medo de gastar e de ficar sem grana. Veio a hiperinflação dos anos 1980 e minhas economias se transformaram numa linda coleção de cédulas e moedas antigas. Foi aí que eu aprendi que era melhor trocar de móvel e deixar o dinheiro no banco, aplicado, rendendo um pouquinho a cada mês, para não perder valor.

SBMB: Quais são suas frustrações?

HA: Morro de inveja de quem não tem dinheiro, pois não corre risco de perdê-lo. Ninguém corre o risco de perder um carro importado andando de ônibus, por exemplo.

SBMB: Como você escolhe quem vai trabalhar com você?

HA: Quando eu recebo currículos, crio uma pilha, jogo para cima e rapidamente pego um no ar de forma aleatória.

SBMB: É um sorteio, então?

HA: Claro. Assim, eu garanto que estou escolhendo alguém que tem sorte. Não posso trabalhar com uma pessoa azarada.

SBMB: E quem não nasceu virado para a lua? Como faz?

HA: Uma maneira rápida de enriquecer é escolher um bom casamento. Outra é acertar na loteria.

SBMB: E se nada disso funcionar?

HA: Se tudo o mais falhar, o jeito é se informar sobre finanças domésticas e as melhores formas de administrar sua própria economia, o Produto Interno Bruto (PIB) da casa de cada um.

Tem gente que acha que poupar é algo que se faz com o dinheiro que sobra ao final do mês. Só que, agindo dessa forma, essas pessoas nunca conseguem poupar nada. Talvez seja o caso de Mário Ricardo, que está precisando pedir dinheiro aos amigos.

O ideal é que façamos nosso planejamento financeiro com base na análise das receitas e despesas mensais, ou seja, de acordo com o orçamento. Lembre que a diferença entre as receitas e as despesas corresponde ao saldo.

Uma alternativa de aumento de receita é a revisão do orçamento, quer dizer, analisar com outros olhos como o dinheiro está sendo gasto com o propósito de reduzir as despesas de algumas categorias de modo a transformar o dinheiro que sobra em poupança. Assim, cria-se uma nova categoria na coluna de despesas fixas: a de poupança. E, a partir daí, deve-se manter a determinação de gastar de acordo com o que se pretende economizar com a finalidade de realizar o objetivo.

> **Planejar-se financeiramente significa organizar-se em função de um objetivo: adquirir um bem, realizar um sonho, um projeto especial e até mesmo preparar-se para a aposentadoria.**

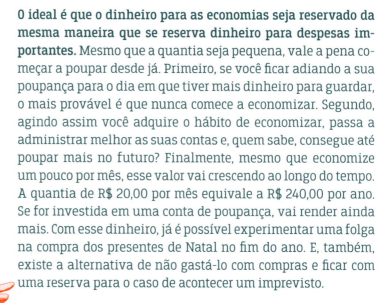

O ideal é que o dinheiro para as economias seja reservado da mesma maneira que se reserva dinheiro para despesas importantes. Mesmo que a quantia seja pequena, vale a pena começar a poupar desde já. Primeiro, se você ficar adiando a sua poupança para o dia em que tiver mais dinheiro para guardar, o mais provável é que nunca comece a economizar. Segundo, agindo assim você adquire o hábito de economizar, passa a administrar melhor as suas contas e, quem sabe, consegue até poupar mais no futuro? Finalmente, mesmo que economize um pouco por mês, esse valor vai crescendo ao longo do tempo. A quantia de R$ 20,00 por mês equivale a R$ 240,00 por ano. Se for investida em uma conta de poupança, vai render ainda mais. Com esse dinheiro, já é possível experimentar uma folga na compra dos presentes de Natal no fim do ano. E, também, existe a alternativa de não gastá-lo com compras e ficar com uma reserva para o caso de acontecer um imprevisto.

Qualquer um de nós pode passar por um contratempo, uma eventualidade que desequilibra nossa vida, como uma doença na família ou a perda de emprego ou de clientes, para quem é autônomo ou tem seu próprio negócio. Enfim, estamos todos sujeitos a enfrentar uma situação que pode nos colocar sob forte pressão financeira. Em momentos assim, é importante ter uma reserva que possa ser usada.

Em resumo, para conseguir economizar é preciso planejar.

Planejando para poupar

O planejamento que nos leva a poupar pode ter dois destinos: para atender a um fim específico, uma provisão, ou para cobrir eventualidades.

Provisão: quando você está economizando dinheiro todo mês para um fim específico, como viajar, comprar um computador novo, as despesas do nascimento de um filho, uma aposentadoria, você está fazendo uma provisão. Trata-se de uma reserva ligada especificamente a um projeto de vida. Para se defender dos efeitos da inflação, ou seja, da desvalorização da moeda, o ideal é que essa provisão seja aplicada em um investimento financeiro, porque, assim, você passa a receber juros.

Reserva para cobrir eventualidades: é o dinheiro que você poupa para se proteger de situações emergenciais, como a perda do emprego, ficar impossibilitado de trabalhar, doenças na família que impliquem gastos com remédios e tratamentos, essas coisas. O ideal é que você consiga atingir uma reserva que lhe permita se sustentar por, pelo menos, sete meses, que é o prazo estimado pelo Departamento Intersindical de Estatísticas e Estudos Socioeconômicos (Dieese) para que uma pessoa consiga encontrar um novo emprego. Da mesma forma que a provisão, essa reserva também deve ser aplicada em um investimento financeiro para receber juros e, assim, se valorizar ao longo do tempo.

Mas, que tipo de provisão eu devo fazer? Cada pessoa precisa considerar suas necessidades e suas possibilidades e, depois, encontrar as soluções mais apropriadas para o seu caso.

Vamos imaginar uma situação hipotética. Digamos que investir em sua formação profissional aumente as suas possibilidades de trabalho e, consequentemente, a sua receita. Porém, se você começar a fazer provisão para pagar o curso e deixar de fazer a reserva para eventualidades, pode se ver obrigado a usar o dinheiro que estava reservado na provisão e, assim, comprometer o objetivo perseguido naquele momento. E, se nem tiver esse recurso da provisão, se arrisca a acabar pegando dinheiro emprestado para fazer frente a uma emergência.

Ora, pegar dinheiro emprestado em um banco ou em financeira tem um custo: os juros. Ao pagar juros, deve-se retornar ao banco uma quantia superior àquela que se tomou emprestada.

Agora vamos considerar o contrário: se você investir o dinheiro poupado em uma instituição financeira, passará a receber juros e, com o tempo, terá uma quantia maior do que aquela que foi investida. Como alternativa, você pode destinar parte da quantia poupada para um curso e ainda ficar com uma reserva para uma eventualidade.

Enfim, qualquer que seja a sua decisão, haverá um custo de oportunidade. **Na vida é preciso fazer escolhas, pois os recursos disponíveis são limitados.** Por isso, toda vez que optar por fazer uma coisa estará abrindo mão da possibilidade de fazer outra. Invisto em minha carreira fazendo um curso ou faço um investimento financeiro para receber juros? Poupo agora e ganho juros sobre esse dinheiro ou gasto em atividades de lazer com meus amigos para evitar que o estresse me deixe doente? Se eu escolho o lazer, abro mão não somente de poupar esse dinheiro como também dos juros que eu poderia receber. Este é o custo de oportunidade.

Até aqui, você já entendeu que é preciso incluir reserva em seu planejamento financeiro, mas está faltando falar de uma coisa muito importante: determinação para cumprir o planejado. Afinal, nem tudo em educação financeira se resume a fazer contas!

Não basta planejar, é preciso cumprir o planejado!

É preciso adquirir o hábito de poupar. Ficamos demasiadamente acostumados a planejar nossos gastos, mas não as nossas ações que levem a poupar o nosso dinheiro em nosso próprio benefício.

Por isso é importante que você estude as suas receitas e despesas, faça um planejamento e tenha disciplina para segui-lo. De nada adianta planejar uma coisa e depois deixar de cumpri-la por falta de autocontrole, ceder a impulsos, desleixo etc. Se a reserva em questão é para um projeto que beneficia a família, é importante que todos os seus membros saibam disso e colaborem. A disciplina para manter o planejamento deve evitar a armadilha do **imediatismo**, ou seja, de pensar somente no agora e esquecer o amanhã. Colheremos amanhã o que plantarmos hoje.

Poupar e investir estão ligados aos objetivos de vida, facilitando que você tenha os recursos financeiros para alcançá-los.

IMEDIATISMO

Essa é a atitude de pessoas que, por falta de visão de longo prazo, não conseguem fazer planejamentos ou, se os fazem, não conseguem ter a disciplina de segui-los. Isso pode levá-las a tomar decisões sem parar para pensar, o que, por sua vez, pode trazer consequências negativas.

Exemplos:

» Fazer compras por impulso e se arrepender depois;

» Começar um projeto sem fazer o devido planejamento e, depois, ser surpreendido por problemas não considerados;

» Deixar de constituir reservas e ficar em dificuldade diante de emergências ou mesmo, anos depois, na aposentadoria.

A atitude oposta à do imediatismo é fazer planejamento. Para isso, é preciso considerar os três prazos – curto, médio e longo – para compor um cenário mais completo.

Recordando:

- Curto prazo – 1 a 2 anos

- Médio prazo – 3 a 9 anos

- Longo prazo – acima de 10 anos

Como ficam os imprevistos em um planejamento?

Isso parece um contrassenso: como se pode prever um imprevisto? Um caminho é tentar imaginar todas as coisas que poderiam dar errado e quais são as medidas que devem ser tomadas se cada uma delas acontecer. No caso de um restaurante, por exemplo, significa perguntar-se o que faria se houvesse uma explosão de gás na cozinha. Como se prevenir dessa situação e como se recuperar se isso acontecer? Aqui a resposta talvez seja a inclusão de um seguro no planejamento.

Um problema que, por vezes, atrapalha a tentativa de prever os eventos inesperados é chamado de **viés de disponibilidade**.

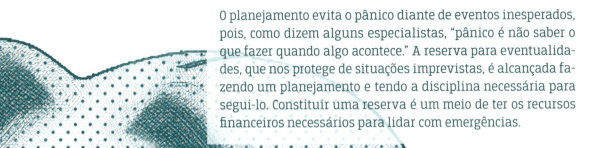

O planejamento evita o pânico diante de eventos inesperados, pois, como dizem alguns especialistas, "pânico é não saber o que fazer quando algo acontece." A reserva para eventualidades, que nos protege de situações imprevistas, é alcançada fazendo um planejamento e tendo a disciplina necessária para segui-lo. Constituir uma reserva é um meio de ter os recursos financeiros necessários para lidar com emergências.

VIÉS DE DISPONIBILIDADE

Esse fenômeno ocorre porque as pessoas costumam imaginar cenários que já estão presentes nas cabeças delas e não todos os cenários possíveis. De fato, a nossa imaginação é limitada por aquilo que conhecemos e também pelas coisas das quais conseguimos nos lembrar. Por esse motivo, apenas alguns cenários fazem sentido para nós. Por exemplo, o dono de um automóvel frequentemente se preocupa com o possível roubo do seu veículo, mas esquece dos riscos de incêndio ou de colisão. Uma maneira de contornar esse problema é reunir várias pessoas para, juntas, imaginarem os diferentes cenários e as soluções para os mais variados problemas.

INDO MAIS FUNDO ////////////////////////////////////

Para ir mais fundo nessa questão, é preciso conhecer algumas coisas que acontecem fora da nossa vida pessoal, mais especificamente no mundo da economia, mas que nos afetam bastante.

Um pouco de economês

Ao observarmos notícias econômicas, muitas vezes nos deparamos com termos como "PIB", "taxa de crescimento" e "recessão", dentre outros, e ficamos confusos. O Afortunado chega a falar que administrar sua própria economia é cuidar do PIB da casa de cada um.

PIB - Medida que mostra o quanto o país produziu em um ano. Trata-se da soma, em reais ou em dólares, da produção industrial, agropecuária e do setor de serviços. Você pode estar se perguntando por que o PIB é expresso em dinheiro, em vez de toneladas de grãos ou unidades de veículos ou ainda horas de trabalho, já que envolve todos esses setores. A resposta é que a única forma de expressar, em uma única medida, elementos tão diferentes como safras agrícolas, produção de carros ou horas de trabalho de professores, dentre outros componentes, é usar a moeda brasileira ou o dólar americano, que é a referência internacional. Afinal, todos os produtos e serviços têm um custo e um valor que são expressos em moedas. Quando o valor do PIB é dividido pela população em geral, temos o PIB "per capita", ou seja, "por cabeça", que representa o quanto cada pessoa do país poderia receber, em média.

Crescimento econômico - O crescimento do PIB indica como a economia do país está se comportando. Se o PIB cresce, isso significa que mais riqueza está sendo gerada, o que tende a beneficiar a população em geral. Por exemplo, entre 1900 e 2000, o PIB do Brasil cresceu a uma taxa média de 5% ao ano. Diz-se "taxa média" porque em alguns anos cresceu mais do que isso e em outros cresceu menos. Essa taxa média fez com que o PIB do final do século XX fosse mais de 109 vezes maior do que o do início do século. O PIB per capita do Brasil também cresceu 12 vezes nesse período, o que indica que um brasileiro de 2000 vive, em média, 12 vezes melhor do que um brasileiro de 1900. É claro que o crescimento econômico pode não ser sinônimo de qualidade de vida em termos de saúde, educação, segurança e cultura, dentre outros fatores. Mas, fica difícil ter um deles sem ter o outro. A construção e manutenção de instituições de ensino, como escolas e faculdades, a realização de campanhas de saúde, como vacinação ou erradicação da dengue, a manutenção de hospitais e postos de saúde, o aparelhamento de órgãos de segurança, tudo isso demanda recursos que dependem do tamanho da economia do país.

> Acompanhar o comportamento do PIB e do crescimento econômico nos permite perceber se o cenário nacional está muito, pouco ou nada favorável à realização de determinado objetivo nosso.

Recessão - Tecnicamente falando, se um país passa por dois trimestres consecutivos de queda no PIB, ele está em recessão. Isto significa que menos riqueza está sendo gerada. Portanto, as empresas estão vendendo menos e começam a cortar custos, o que pode levar a demissões em massa. As pessoas que têm medo de perder o emprego começam a reduzir seus gastos. As recessões podem durar pouco tempo, apresentando uma queda rápida seguida de uma igualmente rápida recuperação do PIB, o que faz com que lembrem um "V", se representarmos graficamente o movimento do PIB, ou serem mais demoradas, com recuperação mais lenta da economia, com em um "U" ou um "L", se representadas em um gráfico. Na década de 1980, o Brasil enfrentou uma recessão prolongada e por isso muitos chamam esse período de "a década perdida". Os governos costumam enfrentar recessões "puxando" a economia, aumentando os gastos públicos e/ou usando outros recursos, como redução de juros para facilitar investimentos ou o consumo.

Desemprego - Situação na qual a força de trabalho economicamente ativa (pessoas em idade de trabalhar e com desejo de fazê-lo) não conseguem encontrar trabalho. Ele pode ser de dois tipos: friccional e estrutural.

> **Desemprego friccional** - Nível normal de desemprego que acontece quando as pessoas deixam um emprego e estão procurando outro. Também é o caso das pessoas que estão procurando seu primeiro emprego. Ou seja, há vagas, mas os trabalhadores demoram algum tempo para encontrá-las.

> **Desemprego estrutural** - Situação na qual as vagas de emprego não existem, o que obriga as pessoas a mudar de emprego ou localidade (cidade, estado). Essa situação pode ser causada por uma inovação tecnológica que gerou o fim de um segmento (ex: empresas que fabricavam máquinas de escrever), o fim da atividade econômica principal de uma localidade (ex: fechamento de importante indústria local) ou recessão. Esse problema fica mais grave quando se generaliza e atinge várias localidades ou setores de um país.

> Ter conhecimento de que o país está atravessando um período de recessão é muito importante para tomar decisões a respeito de nossos objetivos.

Compreender o comportamento do desemprego é muito importante para tomarmos decisões em relação aos nossos objetivos. Se o caso é de desemprego estrutural, por exemplo, talvez seja necessário "sacudir a poeira, dar a volta por cima" e considerar a busca de uma nova qualificação profissional ou a mudança de local de residência. Seja qual for a solução, o fato é que quem está atento às notícias econômicas possivelmente terá melhores condições de se organizar para encontrar uma saída. Afinal, como diz o ditado, "Quem sabe sabe; quem não sabe sobra".

FIB (Felicidade Interna Bruta)

Será o crescimento econômico a única medida que importa para a felicidade dos cidadãos de um país? Investir em usinas termelétricas que podem comprometer o meio ambiente tem o mesmo peso econômico que investir em energia eólica e solar, que o preservam? Não importa para a população se o governo é corrupto ou honesto, desde que seja rico? Em 1972, o rei do Butão, um país na Ásia, resolveu levar essas questões em conta ao propor o FIB como alternativa ao PIB para um país. Ele queria lançar mão de uma medida coerente com os valores budistas do país, para os quais os valores morais têm tanta importância quanto os econômicos. Os pilares do FIB são: desenvolvimento socioeconômico sustentável e igualitário, preservação e promoção de valores culturais, conservação do meio ambiente e bom governo (ético, eficiente e responsável). No começo, o FIB foi visto como uma curiosidade (ou até mesmo uma excentricidade do rei), mas, atualmente, o FIB vem atraindo a atenção de pesquisadores de vários países do mundo, atentos ao fato de que esses fatores também contribuem para o bem-estar da população de um país.

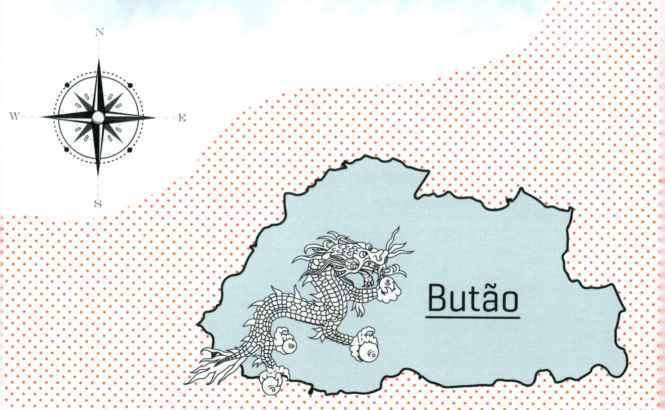

Desemprego
http://bit.ly/16frQjn

PIB
http://bit.ly/1yJ6N4s

Poupar
http://bit.ly/1vJinp7

Recessão
http://bit.ly/1vJinW6

Que tal você analisar a sua situação de poupança? Estude suas receitas e despesas e verifique o quanto seria possível economizar todo mês, mesmo que pouco. Depois de chegar a uma quantia a poupar, pesquise qual ou quais os produtos financeiros mais adequados para você aplicar esse dinheiro, lembrando que é bom considerar aquelas duas categorias de poupança: provisão e reserva para emergência.

E que tal você ajudar alguém da sua rede de relações – familiares, amigos – a planejar uma prática de poupança?

O economês parece uma língua esquisita, mas, com a definição dos termos, o entendimento fica mais claro. Que tal ler um caderno de economia, assistir ou ouvir uma entrevista na TV ou no rádio e verificar se os termos que aprendeu fazem mais sentido agora para você?

Você aprendeu a

- Identificar a necessidade do planejamento financeiro?
- Relacionar planejamento financeiro com poupança?
- Distinguir provisão e reserva para cobrir eventualidades?
- Relacionar o impacto de fatores econômicos do país com o seu planejamento financeiro?
- Identificar os conceitos de alguns termos econômicos?

8

QUEM SÓ OLHA PARA TRÁS BATE NO POSTE

Antônio Carlos era um sujeito muito preocupado com o futuro. Não tomava uma decisão sem estar muito bem informado sobre as previsões. Não saía de casa para o trabalho sem abrir o jornal antes.

28 DE SETEMBRO DE 2015

O BEM INFORMADO

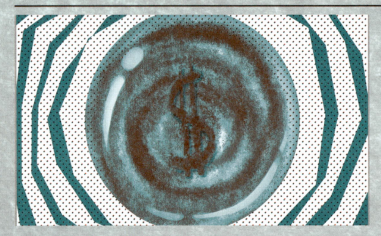

Um dia, o destino resolveu pregar uma peça em Antônio Carlos, e o jovem bancário perdeu todas suas economias em um investimento furado. Ele foi arrasado para casa, onde encontraria sua digníssima esposa, Maria Alice, que o aguardava sempre cheia de agrados.

– O que houve, meu amor?
– Perdi nossa poupança.
– Mas como, meu amor?!
– Também não sei. Parece que a economia deu uma virada, eu achei que as coisas iriam para um lado, e elas foram para o outro.

– E aquele tanto de jornal que você lia, para se informar e tentar se "preparar para o futuro", como você dizia, Antônio Carlos?

– Na verdade, eu estava lendo a seção de horóscopo, meu amor. Dá para dizer que eu já sei tudo o que vai acontecer nos próximos 50 anos.

– E você acredita nisso?

– Claro. Só achava estranho quando o texto de um dia se repetia igualzinho três meses depois...

– Não acredito, Antônio Carlos. Eu achando que você estava lendo o Guga Cebarba e você estava lendo a Madame Zodíaca?! No próximo Dia dos Namorados eu vou te dar uma ferradura, em vez de sapatos.

– Obrigado, meu bem. Realmente, eu ando precisando de sorte.

À noite, o Jornal Intercontinental anunciava na TV o resultado de mais uma pesquisa com projeções para a inflação, para o crescimento da economia e outros bichos com os quais Antônio Carlos não queria intimidade. Ele usa sua habilidade de DJ de controle remoto e rapidamente desliga o aparelho.

– Não sei como as pessoas acreditam em previsões!

112

Muitas pessoas passam por problemas porque cometeram erros ao fazer estimativas e com isso comprometem o seu planejamento.

Fazer estimativas é importante para a elaboração de um planejamento financeiro que, como você já sabe, é o que permite obter recursos necessários para alcançar um objetivo.

Se você não tem um plano traçado, poderá enfrentar mais dificuldades. Por exemplo, você quer viajar nas férias. Esse é o seu objetivo. O seu planejamento para atingir esse objetivo precisa de estimativas de várias naturezas: preço das passagens e de hospedagem, gastos adicionais no local etc. Perceba que saber fazer estimativas é muito importante para ser bem-sucedido em seu planejamento.

> **Estimativas são previsões relativas ao valor futuro de despesas ou receitas.**

A maioria das pessoas já está acostumada a fazer estimativas em sua vida cotidiana, seja calculando tanto os gastos e materiais necessários para fazer um churrasco ou uma festa e também quanto irá receber de comissão no mês (no caso de vendedores, por exemplo), ou quanto de dinheiro elas precisam levar para fazer as compras no mercado etc. Porém muitos de nós fazemos essas estimativas de forma intuitiva. É o famoso "chute". Essa atitude pode levar a erros de graves consequências, como aquela sensação de que o dinheiro está acabando antes de o mês terminar.

Obtendo estimativas confiáveis

Há três bons caminhos a serem seguidos ao compor as melhores estimativas: análise da experiência, pesquisa de preços e observação do contexto. Eles podem ser utilizados de modo complementar uns aos outros.

Análise da experiência
A experiência é uma boa fonte de referência. A partir da análise das suas despesas anteriores você pode prever as despesas futuras. Quando for às compras da próxima vez, faça, antes, uma previsão do quanto vai gastar em cada item. Depois de feitas as compras, compare o que previu com o que gastou.

Verifique a distância entre o previsto e o preço real para melhorar suas estimativas da próxima vez.

Pesquisa de preços

Pesquisar é fundamental, pois o mundo está sempre mudando e não devemos assumir que somente a nossa experiência será suficiente para fazer boas estimativas. Um recurso é combinar pesquisa e experiência de amigos, colegas e parentes para obter informações. Existem sites na internet que fazem busca e comparação de preços que podem ajudar você na sua pesquisa. Alguns incluem opiniões dos consumidores sobre determinados produtos.

Os preços tendem a subir por causa da "inflação", como veremos adiante. Além da inflação, outras variáveis podem fazer com que os preços das coisas se alterem. Eis alguns exemplos:

- Se houve uma perda de safra de tomates devido a uma praga ou geada, haverá menos tomates no mercado e os preços desse produto tendem a subir;

- Se foi aberto um novo mercado na região, os preços do mercado antigo podem cair;

- Se o valor do dólar subiu, os preços dos produtos importados tendem a subir.

Observação do contexto

Como já vimos, é importante observar o contexto, analisando as informações dadas por órgãos oficiais, como as projeções para crescimento da economia, desemprego etc. No noticiário a que Antônio Carlos estava assistindo antes de mudar de canal, os especialistas financeiros apresentavam uma série de projeções feitas com base em informações divulgadas pelo Banco Central e pelo Instituto Brasileiro de Geografia e Estatística (IBGE) sobre o que esperam que seja o comportamento da economia e do governo federal para os próximos 12 meses. Para fazer isso, eles se valeram da própria experiência para analisar as informações recebidas. Desta forma, chegaram a estimativas mais confiáveis para poder planejar com menor chance de erro. Ou seja, justamente o tipo de informação que o Antônio Carlos despreza. Não é à toa que ele perdeu suas economias em um mau investimento!

Na verdade, há um cuidado que é preciso ter com os dados que obtemos com experiências bem-sucedidas ou com pesquisas e observações de contexto feitas em certo momento. Trata-se de evitar cair na armadilha da "ancoragem", que significa ficar preso a essas situações de referência. Portanto, atenção para não utilizar dados antigos como se fossem recentes.

ANCORAGEM

Essa atitude está baseada em algum valor ou situação marcante que se tornou referência mesmo quando não vale mais ou não é pertinente. Exemplos:

» Uma pessoa pode ter pesquisado preços dois anos atrás e descoberto que a loja X era a que tinha os melhores preços. Em função disso, ela só compra nas Lojas X "porque lá é mais barato". Só que os tempos mudaram e, hoje, as lojas Y é que podem estar com as melhores ofertas.

» Uma pessoa que é fiel a uma marca de sabão em pó que rendia mais até o ano passado pode sair prejudicada por esse comportamento ao ignorar que, neste ano, a campeã de rendimento é outra marca.

» Uma pessoa está acostumada a comprar roupas na loja de departamentos da rede Y porque lá tem as melhores ofertas de determinado produto. Um dia, ela precisa comprar um brinquedo e não pensa duas vezes, vai na rede Y "porque lá tem os melhores preços". Só que ter os melhores preços em roupas não significa ter os melhores preços em brinquedos.

INFLAÇÃO

É o termo que designa o aumento contínuo e generalizado de preços. Por exemplo, a tarifa da passagem de ônibus no município de São Paulo subiu de R$ 1,40 em 2003 para R$ 3,00 em 2013. Assim, com R$ 14,00, em 2003, você adquiria dez passagens e, em 2013, não conseguiria adquirir nem cinco. Isso significa que o real perdeu poder de compra, como moeda, no período de 2003 a 2013 por causa da inflação. Os preços das coisas "inflaram", isto é, aumentaram, daí o termo "inflação".

Finalmente, falta apenas considerar um aspecto específico do contexto, que impacta mais visivelmente na estimativa de preços: a inflação. Mas não se assuste, veja como é fácil.

Se os preços de produtos e serviços aumentaram, mas a receita que você e sua família ganham não aumentou, ou, pelo menos, não aumentou na mesma proporção que os preços, vocês perderam poder aquisitivo ou poder de compra. Ou seja, podem adquirir menos produtos e serviços do que podiam antes. Como isso é chamado? Inflação. **Para se planejar em termos financeiros, é preciso saber como está se comportando a inflação.**

Se a inflação cresce demais em um país, sua moeda perde valor rapidamente e o país perde credibilidade diante do mundo e de sua própria população. Assim, a situação torna-se instável e fica difícil planejar e fazer negócios. Por isso é tão importante controlar a inflação.

Atualmente, no Brasil, o Conselho Monetário Nacional (CMN), órgão responsável pela formulação da política da moeda e do crédito, trabalha com um "sistema de metas de inflação", que determina limites para garantir a estabilidade dos preços e o desenvolvimento econômico e social do país. O governo assume, assim, o compromisso de manter a inflação dentro da meta estabelecida, usando recursos legais como, por exemplo, o controle da quantidade de dinheiro em circulação, exercido pelo Banco Central. Isso traz maior segurança para o planejamento financeiro.

Problemas mais comuns das estimativas intuitivas

Os erros que as pessoas mais frequentemente cometem ao fazer estimativas "no chute" são os seguintes:

Não pesquisar
Significa fazer estimativas apenas na intuição, sem ter informações confiáveis. É quase como tentar adivinhar.

Usar apenas a experiência
Refere-se a tomar como base o que já se conhece por experiência. Mas, as coisas podem ter mudado, os preços podem ter subido, alternativas melhores podem ter surgido e você, por estar preso a hábitos arraigados, não consegue se adaptar.

Ignorar ou subestimar despesas
É o caso de pessoas que desconhecem ou não levam em consideração certas despesas. Por exemplo: ao viajar, estimam as despesas de transporte e hospedagem, mas esquecem das despesas com alimentação. Daí, o dinheiro falta.

"Espera aí, então não posso confiar na minha experiência para fazer estimativas?" Claro que sim! Mas, você vai precisar combinar a sua experiência com outras práticas e, depois, pensar sobre tudo isso para chegar a estimativas melhores!

INDO MAIS FUNDO ///////////////////////////////////////

E agora vamos mais fundo sobre a inflação e seus índices, pois entender o valor nominal e real dos juros pode ajudar a fazer estimativas ainda mais precisas.

Índices de inflação: o que é isso?

A inflação é medida por diferentes índices financeiros, que funcionam como um termômetro da "febre de preços".

Os índices de inflação são expressos como uma percentagem que mostra como os preços variaram entre duas datas. Para seu cálculo, os especialistas observam a variação de preços de determinada cesta de produtos. Eles analisam como o preço de cada um dos produtos da cesta variou no período em questão e obtêm uma média. Alguns produtos podem ter subido muito de preço, outros subiram pouco, outros não variaram e alguns talvez até tenham baixado de preço. Tudo depende dos produtos considerados para a cesta e do período analisado, que pode ser um mês, um bimestre, um semestre, um ano, uma década etc. Este é o motivo de existirem diferentes índices de inflação.

É importante conhecer um pouco mais sobre alguns dos **principais índices de inflação do Brasil**: o Índice Nacional de Preços ao Consumidor Amplo **(IPCA)** e o Índice Geral de Preços do Mercado **(IGP-M)**, para que seja possível fazer estimativas de forma mais adequada.

Principais índices de inflação

Você deve ter percebido que o índice de inflação calculado depende muito dos produtos colocados na cesta que foi estudada.

Mas, mesmo assim, existe um índice oficial de inflação no Brasil: é o IPCA. Os gastos considerados pelo IPCA incluem despesas com habitação, alimentação e saúde, dentre outros.

O IPCA é medido pelo IBGE, e seu período de coleta de preços vai do dia 1 ao dia 30 do mês de referência. Ou seja, é um índice mensal. A população estudada inclui famílias residentes em áreas urbanas que ganham de um a quarenta salários mínimos. As áreas estudadas são as regiões metropolitanas de Belém, Fortaleza, Recife, Salvador, Belo Horizonte, Rio de Janeiro, São Paulo, Curitiba e Porto Alegre, Brasília e o município de Goiânia.

Outro índice muito usado é o IGP-M, que é calculado pela Fundação Getúlio Vargas (FGV). Esse índice estuda vários produtos, desde matérias-primas agrícolas e industriais até bens e serviços. O IGP-M é muito usado na correção de aluguéis e tarifas públicas, como a conta de luz.

IPCA

Segundo o IPCA, a inflação acumulada entre 1994 e 2013 foi de 332,33%. Alguns produtos subiram muito mais, como o tomate, que, segundo o IBGE, subiu 1.716% nos últimos 19 anos. Por outro lado, o salário mínimo passou de R$ 64,79 para R$ 678,00, o que representou um aumento de 1.046,45%.

Os aumentos de preços em alguns produtos levam a aumentos de preços em outros. Ou seja, o aumento de custo se transforma em aumento de preço. Isso se chama repasse. Exemplos: se o preço do trigo aumenta, isto é repassado para o preço do pão francês; se o preço da gasolina aumenta, há uma pressão para repassar esse aumento para o preço das passagens de ônibus.

Valor nominal e valor real

A palavra inflação muitas vezes vem acompanhada da expressão "nominal" ou "real". Isso tem a ver com juros.

Os juros nominais são aqueles pagos em um empréstimo ou financiamento ou recebidos em um investimento financeiro. Os juros reais são os juros descontada a inflação.

PASSO A PASSO – cálculo de valor real

Vamos retomar nosso exemplo anterior do cálculo de um índice de inflação fictício usado por uma organização para entender o conceito de valor real versus valor nominal.

No nosso exemplo, a organização encontrou um valor de 11% entre 2010 e 2013 para seu índice de inflação. A cesta de produtos analisada tinha preço de R$ 200,00 em 2010 e subiu para R$ 222,00 em 2013.

Agora, suponha que um investimento financeiro nesse período (2010-2013) tenha pago 15% de juros. Teríamos então:

» Juros nominais: 15%

» Juros reais: 4% (15% de juros nominais - 11% de inflação = 4%)

Portanto, se você investiu R$ 100,00 em 2010, tem agora como saldo do seu investimento R$ 115,00, pois seu dinheiro rendeu 15% de juros (100 × 15% = 15).

Porém, como a inflação nesse período foi de 11%, o seu ganho real foi de 4%. Isso significa que os R$ 115,00 que você tem em 2013 equivalem a ter R$ 104,00 em 2010.

O mesmo raciocínio pode ser usado para salários.

Um salário de R$ 1.000,00 em 2010 que tenha sido aumentado para R$ 1.100,00 em 2013 teve um aumento nominal de R$ 100,00 ou 10% (1.000 × 10% = 100). Porém em termos reais ele teve perda, visto que o aumento foi de 10%, mas a inflação foi de 11%. Logo, houve perda de 1%. Por esses cálculos, um salário de R$ 1.100,00 em 2013 equivale a 99% (100 − 1 = 99) de um salário de R$ 1.000,00 em 2010, ou seja, R$ 990,00. Viu como é importante conhecer a diferença entre valor real e valor nominal para poder negociar melhor?

O Brasil viveu momentos muito difíceis no final dos anos 1980 e início dos 1990, com uma quase hiperinflação. Naquela época, a inflação era um problema sério em nosso país e houve períodos em que ela passou de 50% ao mês! Isso seria o equivalente a comprar hoje uma garrafa de água por R$ 2,00 e no mês seguinte encontrar a mesma garrafa de água sendo vendida a R$ 3,00. Em um ano, ela estaria custando mais de R$ 200,00! Era impossível planejar, realizar negócios. As pessoas compravam tudo o que podiam assim que recebiam seus salários, fazendo estoques de comida em casa. A entrada em vigor do Plano Real conseguiu sanar esse problema, reduzindo a inflação brasileira a patamares razoáveis.

Estimativas
http://bit.ly/1Do8WFD

Índices
http://bit.ly/1fkvYkV
http://bit.ly/1IK4xgo

Inflação
http://bit.ly/12DmNqC

Que tal começar a adquirir novos hábitos? Experimente guardar suas notas de compras e analisá-las para fazer estimativas de quanto você vai gastar na próxima vez que adquirir aqueles mesmo itens. Depois, compare com o que você de fato gastou e observe como suas estimativas ficarão cada vez mais próximas da realidade!

Que tal continuar experimentando acompanhar as notícias econômicas? Provavelmente você vai reconhecer mais termos! E é assim que começa: entendendo um pouquinho hoje, outro tanto amanhã e, muito antes do que você pensa, já poderá aproveitar essas informações para melhorar suas estimativas e, como consequência, o seu planejamento financeiro.

Você aprendeu a

- Fazer estimativas de modo mais preciso?
- Considerar a inflação nas suas estimativas?
- Identificar os principais índices de inflação?
- Diferenciar valor nominal de valor real?

9

QUEM SEMEIA HOJE COLHE AMANHÃ

Juros da Paixão, uma novela do horário nobre, escrita por Aguinaldo Carlos Braga Carneiro.

Depois de uma volta pela orla, Beatriz encontra sua amiga Paula tomando um café numa livraria e esta resolve contar seu grande segredo: estava apaixonada por Alfredo Enrico, um imigrante que falava apenas italiano, mas que, apesar disso, todos conseguiam entender. Seria um amor proibido se seu pai, um fazendeiro muito poderoso, conhecido como o coronel do cacau, descobrisse.

– Ai, Bia, ele é tão gentil, me dá sempre tantas coisas. No outro dia mesmo, me ofereceu um tipo de loteria que, caso eu não ganhasse nada, dois anos depois receberia metade do dinheiro corrigido quase pela mesma remuneração da poupança – confidenciou Paula à sua amiga Beatriz.

– Mas, Paula, vai com calma, pensa bem, isso lá tem cara de bom investimento?

– Que bobagem, Bia. Ele me diz coisas lindas, que eu sou única, "exclusiva", me dá atendimento "personalizado".

– Você confia nele? Será que ele não está te enganando?

– Claro que não! No outro dia, levei-o até minha avó, para conhecê-lo. E ele vendeu para ela um produto exclusivíssimo, um fundo de investimentos com perfil arrojado, ousado, que tem tudo para dar um ótimo retorno para a vovó.

– Sua avó tem 92 anos, Paula! Isso quer dizer que ela pode conseguir um retorno alto, mas também pode perder muito dinheiro. Você me disse que ela tem poucas economias, que ela investe para obter um retorno que complemente a aposentadoria que recebe do governo!

– Exatamente! E quem mais quer dinheiro na aposentadoria do que uma pessoa que já está aposentada?! Dã!

– Paula, ele está se aproveitando de você. Se a sua avó perder dinheiro com esse investimento, ela vai precisar de muito tempo para se recuperar. Ela teria que viver mais uns dez anos, quem sabe?

– Está vendo como ele pensa no bem da minha família? Quer que minha avó viva muito ainda. Ai, Bia. Você não sabe que o amor é cego?

– Olha, Paula, cego, tudo bem, mas sem dinheiro, não dá, né?!

As pessoas em geral sonham em construir um futuro melhor. Afinal, colheremos amanhã o que plantarmos hoje.

Muitos sonhos demandam recursos financeiros para serem realizados, e uma forma de alcançá-los é economizar e investir o que foi poupado. Os investimentos podem ser feitos para atingir objetivos de curto, médio e longo prazos. É importante compreender que fazer investimentos não é uma atividade de pessoas com maior disponibilidade financeira ou de "quem tem um dinheiro sobrando", e, sim, um dos objetivos do planejamento financeiro.

Os investimentos são parte essencial de uma vida financeira saudável.

O investimento financeiro é o emprego do dinheiro poupado em aplicações que rendam juros ou outra forma de remuneração. Ou seja, a pessoa investe o dinheiro que ela vem economizando em uma aplicação na expectativa de que com isso venha a receber um valor maior do que aquele que ela aplicou.

O TERMO INVESTIMENTO

É usado também para se referir, por exemplo, quando empresários adquirem equipamentos para aumentar a capacidade produtiva de sua empresa ou quando investem no capital humano da empresa, capacitando os seus colaboradores. Ou mesmo quando falamos que estamos investindo em um curso para aprimorar nossa formação.

Os ganhos com investimentos financeiros acontecem por meio de: (a) juros, como os recebidos quando se aplica em conta de poupança; (b) dividendos, uma remuneração recebida por quem possui ações de empresas quando estas distribuem seus lucros aos acionistas; (c) lucro na revenda, quando uma pessoa compra ações por um valor mais baixo e vende depois por um preço mais alto, ou quando ela aplica em imóveis comprando um apartamento por um preço baixo e o vende depois por um valor maior.

Nos investimentos financeiros que remuneram por meio de juros, como as contas de poupança, os juros correm sobre o chamado "principal", que é o dinheiro originalmente investido somado a novos depósitos que venham a ser feitos.

Os bancos fazem a intermediação, ou seja, recebem juros de quem faz empréstimos ou financiamentos e, por sua vez, pagam juros para quem faz investimentos.

Os juros sobre investimentos costumam ser compostos, isto é, as taxas de juros se aplicam sobre o principal investido e também sobre os juros acumulados. Em outras palavras, são juros correndo sobre juros. Assim, os valores sobem mais rapidamente e é por isso que investir no mercado financeiro pode fazer a nossa riqueza ou patrimônio crescer.

Já os investimentos financeiros feitos por meio de compras de ações de empresas (que são uma parcela da empresa) têm uma remuneração diferente. Quando uma empresa cresce e obtém lucro, ela distribui parte dele aos seus acionistas sob a forma de dividendos. Outra forma de ganhar dinheiro com ações é comprá-las para depois revendê-las com lucro. Por exemplo, se uma pessoa acredita que uma empresa vai ter sucesso ao longo dos anos, ela pode adquirir ações dessa companhia na bolsa por meio de uma corretora independente ou pertencente a um banco. Se tudo der certo, as ações, que são pedaços da empresa, devem aumentar de preço, permitindo que a pessoa as venda por um valor mais alto do que pagou quando as comprou.

A escolha do investimento mais adequado é um caminho a ser percorrido com muita cautela e com ajuda qualificada. Paula, da história inicial deste capítulo, está fazendo investimentos financeiros, mas, pelo visto, está muito mal assessorada, e esta é a preocupação de sua amiga Beatriz. Paula precisa verificar se a sugestão que recebeu é realmente a melhor opção para investir suas economias e também seria bom que percebesse que dificilmente um investimento arriscado seria o mais adequado para as necessidades de sua avó.

Antes de investir é preciso primeiro se informar bastante. O mercado financeiro é dinâmico e o que é verdade hoje pode não ser mais uma certeza daqui a seis meses.

Você pode conversar com o gerente do banco, mas também deve se informar a respeito em sites de investimento bem recomendados, redes sociais, colunas sobre finanças pessoais nos principais jornais, ouvir conselhos de pessoas experientes na área e autorizadas a falar a respeito.

É fundamental analisar tudo com calma antes de decidir, para evitar investimentos inadequados. Mas, se necessário, não se deixe paralisar em uma decisão errada. Evite cair em uma armadilha conhecida como **"aversão à perda",** que acontece quando a pessoa toma uma decisão de investimento equivocada, tem prejuízo e, mesmo sabendo que o melhor a fazer seria resgatar a aplicação, não o faz, na expectativa de um dia recuperar o valor perdido e "realizar o prejuízo", que só aumenta com o tempo.

Identificar o seu perfil como investidor é um ponto fundamental para encontrar o investimento mais adequado às suas necessidades, e um dos passos para isto ser feito é compreender como funciona a relação **risco × retorno** e verificar como a mesma se aplica ao seu caso.

Risco × retorno

Todo investimento trabalha com a **relação risco × retorno**. Por isso, cada pessoa precisa determinar que nível de risco ela aceita e pode correr antes de escolher um investimento.

O risco é a possibilidade de acontecer um evento desfavorável. Por exemplo, o risco de um negócio dar errado e a empresa ir à falência, ou o risco de perder dinheiro em um investimento financeiro.

O retorno é o quanto uma pessoa espera ganhar com seu investimento. Por exemplo, ela aplica R$ 1.000,00 em um investimento financeiro em um banco por um ano e espera, no fim desse prazo, receber mais do que os R$ 1.000,00 que ela aplicou. Esse "a mais" é o retorno.

A relação risco × retorno diz que, **quanto maior for o possível retorno de um investimento, maior é o risco nele envolvido.**

RELAÇÃO RISCO × RETORNO

Os investimentos mais arriscados são aqueles que podem proporcionar um retorno maior, mas que, se derem errado, podem também trazer um prejuízo maior. Se um investimento seguro está dando um retorno, por exemplo, de cerca de 1% ao mês, um investimento que ofereça 10% ao mês de retorno tem grande probabilidade de também oferecer mais riscos. Imaginemos que a primeira aplicação tenha chance próxima de zero de causar prejuízo (perda de parte do valor investido) e que, no segundo investimento, as chances de perda e de ganho sejam iguais. Ou seja, no primeiro investimento, ao aplicar R$ 1.000,00, você tem razoável certeza de que no fim do mês terá R$ 1.010,00 [1.000 + [1.000 × 1% = 10] = 1.010]. Já no segundo, mais arriscado, você tem chance de terminar o mês com R$ 1.100,00 se tudo der certo. Mas também, se algo der errado, pode encerrar o período com R$ 900,00, menos, portanto, do que os R$ 1.000 aplicados.

Perfil do investidor

A definição do nosso perfil de investidor leva em consideração os aspectos racionais e os aspectos psicológicos. Envolve os tipos de riscos que você **aceita** correr, bem como os riscos que você **pode** correr.

Há pessoas que aceitam correr mais riscos porque têm condições, objetivos ou prazos que permitem isso, em troca da possibilidade (não garantida) de obter um retorno maior.

Outras pessoas preferem opções mais seguras e não deixariam suas economias aplicadas em investimentos de risco. Para este tipo de pessoas, a oportunidade de obter um retorno alto não compensa a chance de perder suas economias ou parte delas.

Para verificar qual tipo de investimento seria o mais adequado, o investidor deve procurar uma instituição financeira. Algumas delas – mediante um questionário – promovem uma avaliação do perfil do investidor. Desta forma, é possível verificar quais são as opções de investimento disponíveis e quais as mais adequadas.

Outro aspecto que deve ser considerado é o prazo de que a pessoa dispõe para receber o retorno do investimento. Um investidor que precise do capital investido em um curto prazo, como seis meses, não deve colocá-lo em um investimento de alto risco, pois não terá tempo para recuperar eventuais perdas. Essa é a situação do investimento inadequado que foi sugerido para a avó da Paula em nossa história inicial.

A **Comissão de Valores Mobiliários (CVM)**, autarquia federal vinculada ao Ministério da Fazenda e que regula e fiscaliza o mercado financeiro, definiu que as instituições que fazem intermediação financeira devem orientar os investidores para que eles escolham os produtos, serviços e operações mais adequados ao seu perfil. Para isso, a instituição deve fazer algumas verificações:

» Se o produto, serviço ou operação é adequado aos objetivos de investimento do cliente;

» Se a situação financeira do cliente é compatível com o produto, serviço ou operação;

» Se o cliente possui conhecimento necessário para compreender os riscos relacionados ao produto, serviço ou operação.

Para atender a estas exigências, os bancos criaram questionários interativos que ajudam o cliente a traçar seu perfil de investidor e, assim, definir as opções de investimento mais adequadas a ele. É possível encontrar na internet diversos desses testes, disponíveis mesmo para quem não é cliente da instituição financeira que oferece o questionário.

DEFINIR O PERFIL DE INVESTIDOR

Imagine que você tenha R$ 3.000,00 guardados e lhe oferecem a chance de fazer um investimento que pode pagar 7% em um mês. Contudo, como é um investimento de risco, você também pode perder 7% no mesmo período. Portanto, se o investimento der certo, você ganhará R$ 210,00 e passará a ter R$ 3.210,00. Porém, se der errado, você perderá R$ 210,00 e passará a ter R$ 2.790,00.

Como você lidaria com essa perda de R$ 210,00 se o investimento desse errado? Teria condições financeiras de sofrer essa perda? Essas são reflexões que você precisa fazer para determinar o nível de risco que pode correr.

Agora, examine outra situação: você tem os mesmos R$ 3.000,00 economizados, mas sabe que o seu emprego corre risco, pois a empresa em que você trabalha perdeu vários clientes importantes. Em princípio, essa situação indica que você não deve correr o risco de perder R$ 210,00 em um investimento, ainda que ele também ofereça a chance de ganhar mais do que em outros investimentos. Neste caso, talvez, o melhor seja ficar com os juros mais baixos de uma aplicação mais segura.

A definição do seu perfil de investidor implica, portanto, perceber condições emocionais e racionais de investimento.

Tipos de investimento

Os investimentos são classificados em de renda fixa e de renda variável.

* **Renda fixa**: são aplicações financeiras em que o investidor sabe antecipadamente o quanto receberá de retorno – em relação a algum indicador financeiro – se permanecer com o investimento pelo prazo estabelecido. Exemplos: títulos públicos via Tesouro Direto, conta de poupança, fundos de investimento de renda fixa, CDBs etc.

* **Renda variável**: são os investimentos em que não é possível saber antecipadamente o retorno, já que podem ter até variação negativa. Exemplos: ações, fundos de investimento de renda variável etc.

Vamos analisar agora dois dos investimentos mais procurados: a conta de poupança e os fundos de investimento.

Conta de poupança

A conta de poupança é considerada o investimento mais seguro, pois existe uma entidade privada sem fins lucrativos, o Fundo Garantidor de Créditos (FGC), que administra um mecanismo de proteção aos correntistas, poupadores e investidores e que garante depósitos em conta de poupança até o valor de R$ 250.000,00 por CPF em cada instituição financeira. Isso significa que, se o banco quebrar, o FGC garante que você não perderá seu dinheiro investido até o valor de R$ 250.000,00.

Além disso, os investimentos em conta de poupança não sofrem incidência de Imposto de Renda sobre os seus rendimentos. Os bancos também não podem cobrar taxas de administração sobre os depósitos em poupança.

A poupança traz retornos mais baixos, porém com riscos mínimos de perda. Vamos supor que a conta de poupança esteja rendendo cerca de 0,6% ao mês. Com esse rendimento, uma pessoa que deposite R$ 100,00 por mês durante dois anos terá na conta um total de R$ 2.573,12 no fim do período. Ela terá recebido R$ 173,12 de remuneração.

Você pode fazer contas desse tipo usando a calculadora do cidadão do Banco Central, disponível em seu site.

REMUNERAÇÃO DA CONTA DE POUPANÇA

Se uma pessoa faz o depósito de poupança no dia 10 de janeiro, o rendimento será calculado sobre o menor saldo na conta desde essa data até o dia 9 de fevereiro. No dia 10 de fevereiro serão depositados, na conta de poupança, os juros correspondentes. Nesse dia, o proprietário da conta de poupança poderá sacar os devidos rendimentos. Se ele sacar antes da data de aniversário da poupança, perderá os rendimentos daquele mês. Por isso, quem tem conta de poupança deve tomar cuidado com a data de aniversário da aplicação para não precisar sacar dinheiro em outra data e, com isso, perder os juros a que tinha direito.

A data de aniversário da conta de poupança é o dia do mês de sua abertura. Mas, para as contas abertas nos dias 29, 30 e 31, a data de aniversário é o dia 1º do mês seguinte. É bom criar lembretes para não esquecer o aniversário da poupança e perder dinheiro por causa desse esquecimento.

De acordo com a legislação atual, a remuneração dos depósitos de poupança é composta de duas parcelas:

1. A remuneração básica, dada pela **TR** (Taxa Referencial); e

2. A remuneração adicional, correspondente a:

a. 0,5% ao mês, no período em que a taxa ao ano do Sistema Especial de Liquidação e de Custódia (Taxa Selic), estabelecida pelo Comitê de Política Monetária (Copom) for superior a 8,5%; ou

b. 70% da meta da taxa Selic ao ano vigente na data de início do período de rendimento, quando a taxa Selic ao ano for igual ou inferior a 8,5%.

TR

A TR é um indexador (índice por meio do qual é feita a alteração de um valor) que é utilizado para calcular os juros da conta de poupança. Calcula-se a TR com base na taxa média mensal dos Certificados de Depósitos Bancários (CDBs), que são títulos prefixados emitidos por 30 instituições financeiras selecionadas. Cada vez que um investidor compra tais títulos, ele empresta dinheiro para essas instituições e recebe juros por isso.

Vejamos um exemplo de cálculo da TR. Uma taxa de juros de 0,5% ao mês corresponde a 6,17% ao ano, porque são juros compostos, incidindo juros sobre juros. Assim, é mais do que 6% ao ano, que corresponderia a 0,5 × 12.

MÊS	CAPITAL (R$)	JUROS (%)	JUROS (R$)
0	1000,00	-	-
1	1005,00	0,5	5,00
2	1010,00	0,5	5,05
3	1015,05	0,5	5,08
4	1020,13	0,5	5,10
5	1025,23	0,5	5,13
6	1030,35	0,5	5,15
7	1035,50	0,5	5,18
8	1040,68	0,5	5,20
9	1045,88	0,5	5,23
10	1051,11	0,5	5,26
11	1056,37	0,5	5,28
12	1061,65	0,5	5,31
Total	1061,65	6,17	-

Taxa Selic

A Taxa Selic é a taxa de juros básica da economia brasileira. Ela é básica porque se refere à negociação, no Selic, de títulos públicos vendidos pelo Tesouro Nacional e garantidos pelo governo. Ora, como existe uma relação direta entre risco e retorno e como não há nenhum risco menor do que esse, a taxa Selic é a menor taxa de juros do país. Seu cálculo é feito a partir da média ponderada de todos os títulos do governo negociados em um dia. Essa taxa é, pois, definida pelo mercado e não pelo governo. Contudo, o governo tem poder de intervenção: o Comitê de Política Monetária (Copom) determina uma meta para a taxa Selic. Quando as operações de mercado se afastam muito dessa meta, o Banco Central intervém para garantir que a taxa diária fique próxima da meta estabelecida. A taxa Selic serve como orientação para as taxas praticadas pelo mercado e para a remuneração das contas de poupança.

Fundos de investimentos

Fundos de investimentos são condomínios constituídos com o objetivo de promover a aplicação coletiva dos recursos de seus participantes. Ou seja, são uma forma de aplicações financeiras promovidas por grupos de pessoas que, conjuntamente, adquirem ativos, como títulos públicos, títulos privados (papéis de dívidas de empresas), moeda (dólar, por exemplo) ou ações (frações de uma empresa). Assim, quem investe em um fundo adquire uma cota dele, tornando-se cotista.

Os fundos de investimentos são bastante diversificados, pois há fundos para todos os perfis de investidor: para o perfil conservador, fundos mais seguros; para quem gosta de riscos, fundos mais arrojados; e fundos de risco moderado, para quem fica entre os extremos.

Os fundos de investimento apresentam duas grandes vantagens:

1. Ao reunir os valores investidos de várias pessoas, o fundo passa a ter um grande valor, o que lhe permite obter melhores condições de investimento.

CONDIÇÕES DE INVESTIMENTO

Uma pessoa que queira investir, por exemplo, R$ 1.000,00, normalmente não tem condições de obter as taxas de juros alcançadas por pessoas que estão investindo R$ 50.000,00. Um dos motivos para isso é porque interessa mais a uma instituição financeira atrair um investimento maior. Logo, ela está disposta a oferecer juros melhores para os investidores com condições de investir mais. Porém, se cem pessoas investirem R$ 1.000,00 cada uma em um fundo de investimentos, este passa a ter R$ 100.000,00 para investir e elas podem, então, negociar juros melhores.

2. O fundo é administrado por um especialista no mercado financeiro que faz a gestão da carteira de títulos e valores mobiliários, realizando uma série de atividades gerenciais e operacionais relacionadas com os cotistas e seus investimentos. Por isso, os fundos têm uma taxa de administração, que é descontada dos rendimentos obtidos. Todos os ativos (títulos, ações etc.) do fundo são comprados pelo gestor do fundo de investimentos de acordo com o perfil de aplicação definido: se for conservador (buscando maior segurança, ainda que com retornos menores); agressivo (almejando retornos maiores, porém correndo riscos de perda também maiores); moderado (tendo como meta retornos um pouco maiores em troca de riscos razoáveis).

Essas vantagens seriam muito caras para a grande maioria dos investidores individuais, mas, em um fundo, esses custos ficam diluídos pelos vários cotistas, o que dá acesso a oportunidades de investimento interessantes com valores de aplicação relativamente baixos.

Os fundos também são tributados. Por isso, é preciso estudar bem o retorno previsto em comparação aos custos envolvidos na operação para ver se o investimento vale a pena. O regulamento de um fundo prevê todos os custos que podem ser cobrados. Pesquise e compare as taxas de administração de fundos com características semelhantes. O portal do investidor, da CVM, tem uma ferramenta para pesquisa de fundos.

INDO MAIS FUNDO ///

Vamos tratar agora de outras formas de investimento de longo prazo. São elas: Tesouro Direto e Ações. Para lidar com esses tipos de investimento, é preciso contar com experiência e conhecimento técnico. Por isso, os investidores iniciantes devem procurar uma boa assessoria.

Tesouro Direto

É um investimento feito por meio de um programa de venda de títulos públicos a pessoas físicas, que foi desenvolvido pelo Tesouro Nacional em parceria com a bolsa de valores brasileira, a BM&FBovespa. O valor inicial pode ser bem baixo (em janeiro de 2014, o valor mínimo era de R$ 30,00), o investidor escolhe os indexadores que deseja, ou seja, os índices de reajuste dos valores investidos, e se o investimento é de longo, médio ou curto prazo.

Após a compra dos títulos, o investidor recebe os rendimentos da aplicação em sua conta até a data predeterminada para resgate do título. Se desejar, pode vender os títulos ao Tesouro Nacional antes do vencimento. Essa venda sempre acontece às quartas-feiras, pelo valor de mercado (valor pelo qual os títulos estão sendo negociados, comprados e vendidos no mercado financeiro).

O Tesouro Direto apresenta rendimentos compatíveis com os de outros investimentos de renda fixa e tem taxas relativamente baixas de administração e custódia (para guarda dos títulos e de emissão de relatórios sobre a movimentação da conta no Tesouro Direto). Além disso, o Imposto de Renda é cobrado no momento da venda ou do pagamento de cupom de juros ou, ainda, do vencimento do título.

Ações

Comprar ações significa adquirir uma fatia da empresa. As ações correspondem a uma parte do valor da empresa. Uma pessoa que compra ações de uma empresa não está emprestando dinheiro para a companhia, mas tornando-se sócia dela.

O investimento em ações promove a transferência de recursos de poupadores (investidores) para empresas que necessitam desses recursos para viabilizar seus negócios.

Por exemplo, uma empresa que esteja precisando de recursos financeiros para construir novas fábricas ou adquirir outras empresas pode recorrer ao mercado de capitais para conseguir esses recursos, em vez de partir para operações de crédito com bancos.

O mercado de ações comporta empresas com tamanhos e necessidades financeiras diferentes. Para compatibilizar os interesses entre os agentes, harmonizando as necessidades dos investidores com as necessidades das empresas, existem os intermediários financeiros: corretoras, bancos de investimento e gestores de recursos.

As operações são feitas na **bolsa de valores**, que concentra e promove o encontro entre ofertas de compra e de venda das ações por meio de corretoras de valores autorizadas, sendo também responsável pela divulgação das cotações desses papéis. A CVM é o órgão responsável pelo controle, normatização e fiscalização desse mercado.

A oscilação dos preços das ações reflete a situação da empresa, se ela está prosperando ou enfrentando problemas. Quando alguma notícia favorece a companhia, como um lucro trimestral acima do esperado, suas ações se valorizam. Mas, caso a empresa esteja passando por dificuldades, os valores de suas ações tendem a cair.

São estas oscilações que provocam os ganhos ou as perdas para os investidores. Se as ações se valorizam, o acionista ganha dinheiro. Se elas caem, ele perde. É bom lembrar que esse lucro, ou esse prejuízo, só se reflete no bolso do investidor na hora em que ele decide vender as ações pelo preço mais alto ou mais baixo.

Outra fonte de rendimento do investimento em ações é a distribuição de lucros pelas empresas de capital aberto, sob a forma de dividendos ou de juros sobre capital próprio.

O sobe e desce nas bolsas de valores é medido por índices criados pelas próprias bolsas, por jornais, agências de notícias ou outras empresas, considerando as variações das ações, e servem como um indicativo da conjuntura do mercado financeiro.

BOLSA DE VALORES

As bolsas de valores são ambientes organizados para negociação de títulos e valores mobiliários. Sua principal função é proporcionar um ambiente mais transparente e seguro para a realização de negócios, contribuindo assim para a eficiência do mercado de capitais. No Brasil, a BM&FBovespa concentra as operações com títulos e valores mobiliários.

Os rendimentos dos investimentos financeiros podem realizar nossos objetivos e ajudar a alcançar nossos sonhos. Há diferentes tipos de investimentos. Portanto, não importa se o valor é pequeno; o importante é que se comece e se mantenha a determinação de economizar e investir.

CURIOSIDADE

As contas de poupança surgiram no Brasil em 1861, sob o governo do imperador Dom Pedro II, e tinham a função de oferecer um investimento seguro para as pessoas de menor poder aquisitivo, como pode ser visto neste trecho do decreto de sua criação:

"A Caixa Econômica estabelecida na cidade do Rio de Janeiro [...] tem por fim receber, a juro de 6%, as pequenas economias das classes menos abastadas e de assegurar, sob garantia do Governo Imperial, a fiel restituição do que pertencer a cada contribuinte, quando este o reclamar [...]" (POUPANÇA, [20--]).

No início da década de 1870, os escravos podiam abrir contas de poupança, desde que com autorização de seus senhores, para assim estabelecerem uma provisão com a qual poderiam um dia comprar sua liberdade.

Em 1915, foi a vez de as mulheres casadas terem acesso à conta de poupança, desde que seus maridos não fossem contra.

A remuneração das contas de poupança passou por modificações ao longo da evolução deste investimento.

O ano de 1934, por exemplo, instituiu o Conselho Superior, um órgão de fiscalização e controle das diversas Caixas Econômicas então existentes. Essa medida fez com que muitas pessoas optassem por investir na conta de poupança. Em cinco anos, o montante de depósitos passou de CR$ 909.980.000,00 para CR$ 2.078.243.000,00 – uma evolução de mais de 200% (Obs. "Cr$" lê-se "cruzeiros", a moeda brasileira daquela época).

A correção monetária veio em 1964 para defender os depósitos da inflação de então, o que perdurou até 1994, quando foi instituído o Plano Real. A forma atual de remuneração, utilizando a TR e a taxa Selic, foi instituída em 2012. Até hoje a poupança não é tributada pelo Imposto de Renda.

Em outros países, a conta de poupança também é um investimento "conservador", assim chamado porque é seguro. Contudo, a remuneração é mais baixa do que no Brasil, em geral ficando na casa dos 2% ao ano.

Bolsa de Valores
http://www.bmfbovespa.com.br

Calculadora do cidadão
http://bit.ly/1pSZ4x2

Conta de poupança
http://bit.ly/1ytGv0n

Fundo de investimentos
http://bit.ly/1w2DbNw
http://bit.ly/1vLqYaA

Instrução nº 539 da CVM
http://bit.ly/1A3hkVb

Investimento de renda fixa e variável
http://bit.ly/1uB5TQV

Perfil do investidor
http://bit.ly/1z5g1H1

Portal do Investidor (da CVM)
http://www.portaldoinvestidor.gov.br/

Poupança para pessoa jurídica
http://bit.ly/1uzFzWl

Previdência Complementar
http://bit.ly/1IMel9J

Risco × retorno
http://bit.ly/1GlqQGW
http://bit.ly/1A3hrjM

Taxa Selic
http://bit.ly/1j8cWPM

Tesouro Direto
http://bit.ly/1afOQiJ
http://bit.ly/13jAYST

Você sabia? – História da conta de poupança no Brasil
http://bit.ly/13jAZ9l

Que tal estudar as principais formas de investimento levando em conta o quanto você possui de capital e o seu perfil, ou seja, que tipo de risco você está disposto a enfrentar? Pesquise, analise informações e decida com calma qual seria a melhor alternativa para você.

Se você nunca fez nenhum investimento, que tal pesquisar e comparar, em diferentes instituições financeiras, as taxas de administração de fundos com características semelhantes? Assim, você vai ficando afiado para quando chegar a hora de aplicar seu dinheiro pela primeira vez!

Você aprendeu a

- Identificar investimento como uma atitude financeira acessível a qualquer cidadão, conforme seu perfil?

- Analisar a relação risco X retorno em um investimento?

- Classificar diferentes tipos de investimentos financeiros?

10

SEGURO MORREU DE <u>VELHO</u>

Antônio Seguro passou uma vida inteira sendo chamado de pessimista pelos amigos. Principalmente por Murphy, aquele da Lei de Murphy. Você já deve ter ouvido falar dele: é o sujeito que disse que, se alguma coisa pode dar errado, ela dará.

Murphy e Seguro eram amigos do peito. Quando jovem, Antônio era apaixonado por carros e gastou todas suas economias no último modelo importado daquela marca italiana.

Um dia, ele e Murphy foram a uma festa juntos e estacionaram na rua. Quando iam embora, acompanhados de João Imprevisto, que completava o trio de amigos, perceberam que o veículo de Antônio não estava mais lá. Imprevisto não acreditava no que tinha acontecido. Murphy só sabia dizer:

— Eu avisei, não avisei?

Mas Seguro se mantinha calmo como sempre, pois havia feito um contrato para garantir que, caso algo de ruim acontecesse com seu automóvel, ele receberia todo o valor de volta.

Não foi difícil para Seguro encontrar uma esposa que o admirasse por sua preocupação com o futuro. Maria Franquia, irmã e melhor amiga de Imprevisto, se identificou com Seguro assim que o conheceu. Casaram-se, tiveram uma filha: Apólice.

O tempo foi passando até o dia em que Seguro "morreria de velho". Após a morte de seu pai, já adulta, Apólice descobriu que estava grávida. Como se a criança tivesse o poder de restaurar a tranquilidade familiar após o falecimento do avô, Apólice decidiu dar o nome de Indenização.

*Este texto é uma obra de ficção. Qualquer semelhança com a realidade é apenas sinal de falta de criatividade do destino e excesso de criatividade de pais ao escolher nomes para os filhos.

Muitas pessoas se perguntam por que deveriam fazer seguro. O valor pago mensalmente parece ser caro para um recurso que só será usado se a pessoa "tiver muito azar". Mas, não é bem assim. O seguro é um contrato que tem o objetivo de nos proteger de **riscos**, permitindo lidar com os imprevistos da vida.

RISCOS

O ser humano sempre correu riscos desde que o mundo é mundo. Risco de ser morto por uma fera selvagem, por uma doença ou por um inimigo em batalha. Depois, quando surgiram as caravanas comerciais, havia o risco de estas serem atacadas por bandoleiros nas estradas. As grandes navegações comerciais, além de enfrentarem a possibilidade de ataques por piratas, também corriam o risco de afundar em tempestades. Os comerciantes que haviam investido em empreendimentos comerciais, com mercadorias transportadas em caravanas ou navios, temiam esses desastres. Da mesma forma, pequenos agricultores temiam perder suas safras devido ao mau tempo, carreteiros receavam um acidente que quebrasse a carroça da qual dependiam para transportar cargas e delas tirar seu sustento e assim por diante.

Para se proteger desses riscos, as pessoas começaram a cooperar e agir em grupo. Surgiu a noção de compartilhar riscos, que deu origem ao princípio do **mutualismo**. A lógica é a mesma do provérbio "A união faz a força". Funciona assim: um grupo de pessoas se associa para se apoiar mutuamente, de forma a suprir as necessidades que um dos membros venha a passar caso sofra um imprevisto. Essa é, portanto, uma ação de apoio coletivo.

Os seguros atuam para reduzir os problemas financeiros causados por eventos danosos. Imagine se Antônio Seguro fosse taxista e o carro roubado tivesse sido o seu táxi. Além de perder o veículo, ele ficaria impossibilitado de trabalhar até conseguir comprar outro automóvel. Como Antônio tinha um contrato com uma boa cobertura de seguro, ele pôde receber a indenização necessária para comprar um carro novo. Por outro lado, sem contrato de seguro, Antônio talvez tivesse de recorrer à sua poupança, a amigos e parentes, ou mesmo tomar um empréstimo para fazer frente a essas despesas. E, ao recorrer a um empréstimo, ficaria, ainda por cima, com uma dívida que cobra juros!

Além disso, não se deve desconsiderar o conforto emocional que muitas pessoas experimentam ao saber que sua casa ou veículo estão cobertos por um seguro que poderá repor sua perda e que sua família receberá um amparo financeiro se elas ficarem incapacitadas de trabalhar (é preciso pensar no bem-estar de Maria e Apólice). Essa situação traz maior tranquilidade para se dedicar ao trabalho e desfrutar os momentos de lazer. Neste sentido, para essas pessoas o seguro pode fazer uma diferença significativa na redução do estresse e ansiedade crescentes da vida atual. É uma situação bem melhor do que ficar ouvindo um amigo dizer: "Eu avisei, não avisei?"

Mas é preciso conhecer cada vez mais o mercado de seguros para aproveitar os benefícios que ele oferece. Para começar, esse mercado tem alguns termos próprios, inclusive usando palavras como "prêmio" e "sinistro" com significados bem diferentes dos que são normalmente usados por nós. É muito importante familiarizar-se com esses termos para não se engasgar na hora de negociar!

Conhecendo os termos do seguro

O seguro é um contrato pelo qual uma das partes (a seguradora) se obriga a pagar uma indenização a outra (o segurado) em caso da ocorrência de determinado risco (roubo, acidente etc.), em troca do recebimento de uma determinada quantia em dinheiro, chamada prêmio de seguro. Quando esses riscos acontecem, levam o nome de sinistros. O contrato entre o segurado e a seguradora é chamado de apólice.

Vamos à "tradução":

Apólice: documento que formaliza o contrato de seguro. Na apólice estão definidos os direitos e as obrigações da sociedade seguradora e do segurado, bem como as garantias contratadas, incluindo o valor da indenização.

Beneficiário: pessoa escolhida pelo segurado para receber o **benefício do seguro**, ou seja, uma parte ou toda a indenização. Pode ser o próprio segurado, por exemplo, no caso de seguro de automóveis, ou outra pessoa, por exemplo, os beneficiários do seguro de vida do segurado.

Segurado: pessoa física ou jurídica em nome de quem se faz o seguro. Ao fazer o pagamento do prêmio, o segurado transfere para a seguradora o risco sobre determinado bem: automóvel, imóvel, capacidade de aferir renda etc.

Seguradora: entidade jurídica criada para gerenciar os riscos estabelecidos no contrato de seguro. A seguradora emite o contrato e paga a indenização ao segurado, ou seu beneficiário, se o sinistro ocorrer. Desde que, é claro, o segurado esteja com o pagamento do prêmio do seguro em dia e tenha cumprido as condições do seguro. Por exemplo, se na apólice o segurado disse que nenhuma pessoa menor de 25 anos de idade poderia dirigir o carro e seu filho de 18 anos pega o carro e se envolve em um acidente, isto é uma condição que pode criar problemas para o recebimento da indenização, pois as condições do contrato foram violadas. Além disso, o segurado deve informar à seguradora qualquer evento que possa aumentar o risco do bem coberto pelo seguro. Retomando o exemplo do carro, se na época da contratação do seguro o automóvel ficava à noite em garagem interna de um edifício e agora passou a ser deixado na rua, isto, em princípio, deve ser informado ao seguro, pois pode acarretar um aumento de risco de furto do carro.

Prêmio: quantia em dinheiro que o segurado tem de pagar à seguradora para que esta assuma o risco estabelecido. Ou seja, é o valor que o segurado tem que pagar à seguradora para ter direito ao seguro.

Indenização: quantia em dinheiro que a seguradora deve pagar ao segurado ou seu beneficiário (por exemplo, no caso de seguro de vida) em caso de sinistro que esteja coberto pela apólice.

Risco: evento futuro de natureza súbita e imprevista que independe da vontade do segurado (roubo, acidente, incêndio etc.).

Sinistro: é a ocorrência do risco coberto. Durante o período de vigência do plano de seguro, o evento que ocorrer causa a ativação do seguro. O sinistro pode ser **total**, quando implica a completa perda do bem segurado, ou **parcial**, quando atinge somente parte do bem. Exemplo: se um carro coberto pelo seguro sofrer um acidente que permita conserto, trata-se de perda parcial do bem. Se o carro for destruído de forma irrecuperável no acidente ou for roubado, trata-se de perda total.

Franquia: estabelece o limite de participação do segurado nos prejuízos causados por um sinistro. Por exemplo, um seguro para carro que tenha uma franquia de R$ 500,00 significa que, toda vez que o segurado acionar o seguro, o próprio segurado deverá cobrir os gastos em até R$ 500,00. Isto evita que o seguro seja acionado para pequenos prejuízos que tenham valores inferiores aos da franquia. Em contrapartida, quanto maior for a franquia assumida pelo segurado, menor será o valor do prêmio a ser pago pelo seguro.

Contratando o seguro

A contração de um seguro deve ser realizada por um corretor de seguros, que é o profissional legalmente responsável pelo contrato e que representa o segurado diante da seguradora para defender seus interesses. O corretor de seguros deve ser devidamente habilitado. A verificação dessa habilitação pode ser feita no site da **Superintendência de Seguros Privados (Susep)** por meio do número de registro do corretor.

SUSEP

É a autarquia vinculada ao Ministério da Fazenda responsável pela fiscalização e controle das instituições ligadas ao mercado de seguros, resseguros, Previdência Complementar Aberta e capitalização.

No site da Susep podemos verificar se o corretor é habilitado ou se a corretora é idônea na opção "Consulta de Corretores", e se uma seguradora é fiscalizada pela Susep na opção "Entidades Supervisionadas".

É importante também fazer uma pesquisa usando mecanismos de busca para ver se há reclamações ou processos legais envolvendo a seguradora ou o corretor de seguros. Especialistas recomendam algumas cautelas, como:

» Somente contratar seguro com um corretor habilitado pela Susep;

» Ler detalhadamente o contrato de seguro para evitar surpresas. Por exemplo, alguns seguros de vida não cobrem morte por determinadas doenças preexistentes ou em certas condições de morte (como dirigir embriagado) etc;

» No caso de seguro de vida, não é aconselhável permitir que o corretor de seguro preencha a declaração de saúde em nome do segurado;

» Fazer todas as perguntas que desejar até se sentir totalmente sabedor das condições da apólice. Jamais assinar a apólice se estiver com dúvidas.

Feito isso, é preciso atentar a todas as cláusulas do contrato, lendo-as com muito cuidado. O cálculo do prêmio do seguro, por exemplo, é um pouco complexo, pois está ligado à percepção que a seguradora tem da probabilidade de ocorrência do sinistro. Ou seja, **quanto maior for a chance de que o seguro seja acionado, maior é o prêmio a ser pago.**

Essa é uma situação diferente daquela com a qual a maioria das pessoas está acostumada. Afinal, quando você vai comprar um sanduíche em uma lanchonete ou uma camisa em uma loja, não faz diferença se você é homem ou mulher, jovem ou maduro, onde você mora etc. Imagine se, ao comprar um casaco, o vendedor começasse a perguntar qual é a sua profissão ou para qual fim pretende usar o casaco?

Contudo, essas informações podem ser vitais para o seguro de um bem. Imagine duas situações:

Situação A – Um rapaz de 22 anos, solteiro, usa seu carro tanto para trabalhar quanto para sair nos finais de semana e sempre o deixa na rua, já que nem em seu trabalho nem em seu prédio há garagem para abrigá-lo.

Situação B – Uma mulher de 32 anos, mãe de família, guarda seu carro em garagem, tanto no prédio onde mora quanto no trabalho.

RISCO DO SEGURO

O preço do seguro é calculado pela seguradora de acordo com o risco a ser assumido e com o valor do item que está correndo risco (ou pelo menos do valor que será restituído em caso de sinistro). Esta é a razão pela qual as seguradoras buscam incentivar um bom comportamento por parte de seus segurados, oferecendo descontos nos valores dos prêmios para pessoas que demonstram ser precavidas. Por exemplo: quem coloca trancas em seu automóvel, busca estacionar somente em locais protegidos e não tem histórico de se envolver em acidentes (seguro de veículos), quem faz uma boa instalação contra incêndio e instala alarmes em casa (seguro residencial), quem pratica regularmente exercícios e tem histórico de boa saúde (seguro de vida) etc. Pessoas que agem de forma mais precavida podem conseguir descontos nos prêmios a serem pagos nos contratos de seguro.

Qual veículo está correndo maior risco de ser furtado? Qual dessas duas pessoas tem maior chance de vir a precisar do seguro? Esse tipo de percepção precisa ser levado em conta pela seguradora para medir o **risco do seguro** e, consequentemente, o valor do prêmio a ser pago.

As seguradoras podem chegar ao valor do prêmio usando a **taxa de sinistralidade**. Trata-se de um cálculo que indica a frequência com que ocorrem os sinistros cobertos pelo seguro em determinada área.

Por todos esses motivos, é fundamental responder às perguntas do corretor e do formulário, fornecendo informações que correspondam à verdade e sejam tão precisas quanto possível. Agir de outra forma pode levar à anulação do contrato e à perda do seguro.

INDO MAIS FUNDO //

O que há de essencial sobre seguro você já deve ter compreendido: o que é, como se contrata e o que fazer em caso de sinistro. Você pode seguir em frente e familiarizar-se com uma forma de seguro que é conhecida por outro nome: "garantia estendida" e também pode refletir sobre o tratamento do seguro no seu orçamento doméstico: será que ele é um investimento ou uma despesa?

Garantia estendida

São duas as garantias sobre quaisquer produtos que compramos: a garantia legal e a garantia contratual. Quando tratamos de direitos do consumidor, você teve a oportunidade de conhecer essas duas garantias. Mas, além delas, há outra garantia que vem sendo cada vez mais oferecida pelo comércio: a garantia estendida. E é aqui que você precisa prestar bastante atenção. Para começo de conversa, ela é um seguro e, portanto, regulamentada pela Susep.

Por ser um seguro, a garantia estendida é opcional, ou seja, não pode ser imposta ao consumidor. Tal imposição configura uma venda casada, ação na qual o vendedor condiciona a venda do produto à compra de outro, que, neste exemplo, é a garantia estendida. Neste caso, o consumidor deve ir ao Procon de sua cidade para buscar apoio legal e, se desejar, cancelar a garantia estendida.

A garantia estendida prorroga o prazo da garantia estipulado pela garantia legal ou pela garantia contratual. Caso se interesse, o consumidor deve perguntar sobre as condições deste seguro (as coberturas e exclusões) e também o valor. Outro cuidado importantíssimo é que ele deve ler com muito cuidado as cláusulas do contrato para verificar quando começa a valer a garantia estendida e quando ela termina, condições de cancelamento etc. Esse cuidado é imprescindível, pois nem sempre o que está escrito no contrato corresponde às informações dadas pelo vendedor.

O produto só estará segurado naquilo que estiver devidamente descrito na apólice. Por isso deve ser verificado se a cobertura da garantia estendida é total ou apenas parcial (por exemplo, um carro tem na garantia estendida proteção apenas para o motor, mas não para a carroceria).

A garantia estendida pode simplesmente ampliar o prazo da garantia contratual, mantendo a mesma cobertura, ou complementá-la. Neste último caso o seguro vai cobrir danos que a garantia do fabricante não cobre. É importante verificar o que está sendo oferecido de diferente para determinar se vale a pena ou não contratar o seguro.

Qualquer que seja o caso, é importante verificar as chamadas exclusões, ou seja, as situações em que não há cobertura pelo seguro para o produto. Avalie-as com cuidado porque muitos consumidores só tomam ciência das exclusões quando tentam usar o seguro e não conseguem fazê-lo. Em geral isso acontece porque esses consumidores não leram o contrato com atenção antes de assiná-lo.

Outro aspecto importante é comparar o valor total da garantia estendida somando todas as prestações e compará-lo com o valor do produto segurado e, se possível, com o custo de um conserto, para ver se ela realmente vale a pena.

E lembre-se que, quando o produto apresentar um defeito dentro do prazo de garantia e não puder ser consertado, o fabricante deve devolver ao consumidor o que ele pagou pelo produto (artigo 18 do CDC, em seu parágrafo 1º, II). Além disso, o valor pago pela garantia estendida deverá ser devolvido integralmente nos casos em que ela iniciar após a garantia contratual ou do fabricante.

Na verdade, o uso da garantia estendida é controverso no Brasil: enquanto algumas pessoas e organizações julgam-na desnecessária diante dos amparos legais já existentes, outras apontam para seu uso consagrado em outros países, como os EUA. Os sites sobre direitos e reclamações dos consumidores apresentam diferentes histórias com consumidores que foram bem atendidos pela seguradora ao apelarem para a garantia estendida, bem como relatos dos que tiveram problemas quando a seguradora se recusou a indenizar o consumidor alegando que o vício era decorrente de desgaste natural do produto. Nesses casos, os consumidores apelaram para o Procon ou para o Juizado Especial Civil de sua cidade para resolver a questão com o fornecedor.

O seguro no orçamento doméstico

Algumas pessoas se perguntam sobre como categorizar o seguro no seu orçamento doméstico: se como investimento ou como despesa. Há muito debate sobre isso, mas podemos oferecer alguns parâmetros para você organizar seus gastos com seguro.

O item seguro entra no cálculo dos índices de inflação porque ele é considerado um item de consumo que faz parte das despesas do consumidor e representa a aquisição de um serviço.

No exemplo do taxista, ele fez o seguro total do carro que foi furtado e por isso receberá uma quantia em dinheiro para que possa adquirir um novo veículo. Ele também fez um seguro para proteger sua renda pelo tempo em que ficará impossibilitado de trabalhar.

Quando uma pessoa adquire uma apólice de seguro ela está, em certa medida, adquirindo uma proteção e contratando um serviço ao mesmo tempo.

O mesmo raciocínio pode ser aplicado para seguros residenciais. Se a sua casa for destruída em um incêndio, mas estiver segurada para se proteger dessa eventualidade, você receberá uma indenização que lhe permitirá adquirir um novo lar e pagar um aluguel enquanto isso não acontecer.

Por isso, é importante perceber que não se está jogando dinheiro fora ao se contratar um seguro e não precisar utilizá-lo. Um seguro é uma medida preventiva, uma proteção contra riscos para garantir que você não perca o valor do seu bem (carro, casa), possa manter seu padrão de vida se ficar temporariamente impossibilitado de trabalhar (seguro contra acidentes pessoais) ou não deixar seus familiares sem recursos em caso de sua perda (seguro de vida), dentre outras possibilidades. Trata-se de uma proteção para amenizar essas perdas financeiras, porque ninguém sabe o dia de amanhã!

CURIOSIDADE

A maioria das fraudes envolvendo seguros no Brasil ocorre contra as seguradoras. São casos como o da empresa que alega ter perdido todo o seu estoque em um incêndio para receber um valor maior do seguro quando a perda, em verdade, foi parcial, ou de pessoas que tentam receber seguro de vida de alguém que ainda está vivo, para citar dois exemplos.

Contudo, também há casos de fraudes contra segurados. Um tipo de golpe relativamente comum é em relação ao recebimento do DPVAT (seguro por Danos Pessoais causados por Veículos Automotores de via Terrestre).

O seguro DPVAT foi criado por lei e deve ser pago anualmente junto com a cota única ou com a primeira parcela do Imposto sobre a Propriedade de Veículos Automotores (IPVA). Esse seguro cobre danos pessoais que tenham sido causados por acidentes com veículos, assegurando uma indenização de até R$ 13.500,00 por morte ou invalidez e reembolso de despesas médicas até o valor de R$ 2.700,00 (valores praticados em 2014). A ideia é dar um nível de garantia para os cidadãos brasileiros auxiliando as vítimas, mesmo que o responsável pelo acidente fuja e não possa ser localizado para arcar com suas responsabilidades.

O golpe mais comum que vem sendo praticado em relação ao DPVAT é a obtenção criminosa de uma procuração do beneficiário para receber a indenização em seu lugar. Com isso, o fraudador some com a indenização, deixando a vítima sem nada. Isso ocorre porque, apesar de os procedimentos serem simples, bastando apresentar os comprovantes do acidente nas seguradoras participantes do consórcio DPVAT, muitas pessoas estão desinformadas e acabam repassando esses documentos para aproveitadores.

A relação de seguradoras autorizadas pode ser consultada no site da Susep, na opção "Relação de seguradoras DPVAT".

Garantia estendida
http://bit.ly/1vLxq1p
http://bit.ly/1yMvpcv

Susep
http://www.susep.gov.br/
http://bit.ly/1BUhKQq
http://bit.ly/1ojsxLI
http://bit.ly/1IMkSBi
http://bit.ly/13jHY28

Que tal fazer um levantamento de tipos de seguros que se encontram no mercado atualmente? Você pode fazer uma pesquisa na internet ou consultar um corretor ou seguradora autorizados pela Susep. Ao fazer essa pesquisa, procure descobrir se há um seguro específico para o seu tipo de atividade profissional ou para o seu estilo de vida, por exemplo. E não se esqueça de anotar e comparar os preços!

Que tal navegar no site da Susep e conhecer os links "Serviços ao Cidadão" e "Informações ao Público"? Você ficará surpreso com a clareza e com a variedade de informações a respeito de seguros.

Que tal abrir suas gavetas e verificar se você tem algum contrato de garantia estendida guardado ali? Se tiver, leia-o com atenção e verifique o que está contratado nele.

Você aprendeu a

- Identificar os princípios e termos que regem um contrato de seguro?
- Compreender como funciona a lógica de cálculo dos prêmios dos seguros?
- Perceber o seguro como medida preventiva?
- Identificar como funciona a garantia estendida?

11

APOSENTADORIA: VOCÊ AINDA VAI TER UMA

A vida começa aos setenta. Ao menos, se tenta, e é nisso que acredita Ana Carolina, filha de Clélia.

– Não vejo a hora de me aposentar, mãe.

– Mas, Ana Carolina, você só tem 18 anos, não estuda nem trabalha, minha filha...

– Ah, mãe. Pelas minhas contas, e pelo tanto que eu vejo você e o papai trabalhando, é só lá pelos 70 anos de idade que eu vou conseguir começar a curtir a vida.

– Como assim, Carol?

– Ora, ir ao cinema no meio da tarde, ir à praia no meio da semana, essas coisas.

– Mas eu e seu pai nunca fizemos isso, minha filha.

– Exatamente, mãe. E eu quero ter uma vida diferente.

– Para isso é preciso trabalhar bastante.

– Que nada, mãe. Todo mundo sabe que quem trabalha muito não tem tempo de ganhar dinheiro! Veja só o vovô e a vovó.

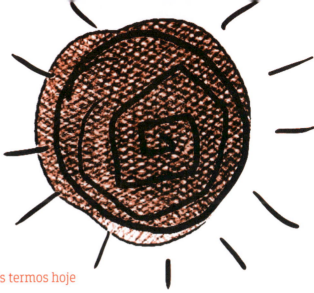

– Pois saiba que eles trabalharam muito para nós termos hoje uma vida melhor do que a que eles tiveram.

– Ah, mãe. Isso é fácil. No outro dia, o vovô Arlindo me disse que não tinha computador nem celular na época dele. Vê se pode.

– Claro que podia. E todo mundo estudava, trabalhava...

– Sem fazer pesquisa na internet? E como é que as pessoas combinavam de se encontrar?

– Pelo telefone, na escola ou no trabalho. Foi assim que eu conheci seu pai.

– Tá, já ouvi essa história. O que eu quero é ter uma vida igual à desses aposentados de novela, ou desses comerciais de banco na TV, que vivem rindo, viajando, não têm contas para pagar...

– Puxa, minha filha! Você vai virar atriz, então?

– Não, mãe, mas vou trabalhar bastante e juntar um dinheiro para poder viver melhor.

– Que ótimo, minha filha! Que tal começar pelo seu quarto, arrumando aquela bagunça que está lá, então, hein?!

Infelizmente é muito comum que as pessoas descuidem de seu futuro porque estão concentradas apenas no presente e julgam que, quando chegar a hora, elas conseguirão resolver quaisquer problemas que venham a surgir. Porém, a verdade é que colheremos amanhã o que plantarmos hoje. Os avós de Ana Carolina se filiaram à Previdência Social e contribuíram, ao longo do período em que trabalharam, para que, quando não tivessem mais condições de trabalhar, tivessem o amparo da sociedade na velhice. Um esforço que não é bem compreendido pela neta que quer ter hoje, aos dezoito anos, o que ela considera ser uma vida mais tranquila.

Sabemos que é importante nos precavermos e ter uma reserva para eventualidades e para a velhice.

Então por que tanta gente demora anos para programar sua aposentadoria e garantir seu futuro? Frequentemente porque se costuma pensar do seguinte modo: "Guardar dinheiro para aposentadoria é uma boa ideia, eu tenho que fazer isso!". Só que, na hora de colocar essa intenção em prática, aparecem as desculpas: "Agora está difícil, são tantas despesas" ou então "Não posso abrir mão de comemorar meu aniversário com uma festa", ou algo do tipo. O resultado é frequentemente o seguinte: "Este mês não deu para poupar para a aposentadoria, mas no próximo com certeza vou cuidar disso!". Só que os meses vão virando anos e a pessoa não poupa porque ela sempre acha que, no futuro, vai conseguir poupar ou "dar um jeitinho" quando a idade chegar.

A crença na própria capacidade de encaminhar bem os problemas no futuro atrapalha muito, levando as pessoas a não tomar nenhuma providência no momento presente, que é a única oportunidade que se tem para agir. É por isso que existe a Previdência Social, para que todos os trabalhadores possam contribuir e o dinheiro arrecadado possa pagar a aposentadoria daqueles que já não podem trabalhar para se sustentar, os aposentados.

Os pais de Clélia não apenas trabalharam bastante como prepararam a sua aposentadoria para que pudessem ter amparo na velhice. Esse é um ensinamento que eles passaram para Clélia e que ela agora tenta transmitir à sua filha, Ana Carolina.

Previdência Social e aposentadoria

A Previdência Social está disponível para todos os brasileiros e tem entre seus objetivos conseguir que a população do país tenha apoio da sociedade quando não dispuser mais de condições de exercer uma atividade remunerada que lhe permita se sustentar, seja por idade avançada, acidente ou doença. As pessoas podem se aposentar pela Previdência Social após determinado tempo de contribuição.

No Brasil, a Previdência Social é um direito, previsto no art. 6º da Constituição Federal de 1988 entre os Direitos e Garantias Fundamentais, disciplinado nos art. 194, 195 e 201, e corresponde a um pacto, entre todos da sociedade, que assegura a aposentadoria e garante renda não inferior a um salário mínimo ao trabalhador e à sua família nas seguintes situações:

1. Cobertura dos eventos de doença, invalidez, morte e idade avançada.

2. Proteção à maternidade, especialmente à gestante.

3. Proteção ao trabalhador em situação de desemprego involuntário.

4. Salário-família e auxílio-reclusão para os dependentes dos segurados de baixa renda.

5. Pensão por morte do segurado homem ou mulher, do cônjuge ou companheiro, e dependentes.

É claro que esses benefícios têm regras. As contribuições previdenciárias são os recursos recolhidos por todos os trabalhadores e administrados pelo governo para custear os benefícios disponibilizados pela Previdência Social aos brasileiros. Por isso, em qualquer um desses casos de recebimento de renda pela previdência há carências a cumprir, ou seja, uma quantidade mínima de meses de contribuição que o trabalhador precisa comprovar para ter direito a um benefício previdenciário.

BENEFÍCIO	CARÊNCIA
Salário-maternidade: benefício pago à pessoa do sexo feminino durante o período em que se encontra afastada de sua atividade laboral cotidiana por motivo de parto, aborto não criminoso, adoção ou guarda judicial para fins de adoção.	Sem carência para empregadas domésticas e trabalhadoras avulsas. ⊗ 10 contribuições mensais para contribuintes individual e facultativo (trabalhadores por conta própria, conhecidos como autônomos). ⊗ 10 meses de efetivo exercício de atividade rural, mesmo de forma descontínua para segurada especial.
Auxílio-doença: benefício devido ao segurado que estiver incapacitado temporariamente para o trabalho.	12 contribuições mensais Independe de carência a concessão de auxílio-doença e aposentadoria por invalidez nos casos de acidente de qualquer natureza e nos casos de segurado que, após filiar-se ao Regime Geral da Previdência Social (RGPS), for acometido de doença ou afecção especificada em lista do Ministério da Saúde e do Ministério da Previdência Social.
Aposentadoria por invalidez: benefício pago aos trabalhadores que, por doença ou acidente, forem considerados pela perícia médica da Previdência Social incapacitados para exercer suas atividades ou outro tipo de serviço que lhes garanta o sustento.	12 contribuições mensais
Aposentadoria por idade: benefício pago aos trabalhadores urbanos a partir dos 65 anos para os homens e a partir dos 60 anos de idade para as mulheres, desde que cumprida a carência exigida. ou Benefício pago aos trabalhadores rurais a partir dos 60 anos para os homens e a partir dos 55 anos de idade para as mulheres, desde que cumprida a carência exigida.	180 contribuições

BENEFÍCIO	CARÊNCIA
Aposentadoria especial: benefício pago ao trabalhador que comprovar, além do tempo de trabalho, a efetiva exposição a agentes nocivos químicos, físicos, biológicos ou associação de agentes prejudiciais pelo período exigido para a concessão do benefício com 15, 20 ou 25 anos de contribuição.	180 contribuições
Aposentadoria por tempo de contribuição: benefício pago ao segurado em razão de ter implementado as condições para obtenção da aposentadoria - 35 anos de contribuição para o homem e 30 anos de contribuição para a mulher.	180 contribuições
Auxílio-acidente: benefício pago, temporariamente, ao trabalhador que sofreu um acidente e ficou com sequelas que reduzem sua capacidade de trabalho.	Sem carência
Salário-família: benefício pago na proporção do respectivo número de filhos ou equiparados de qualquer condição até a idade de quatorze anos ou inválido de qualquer idade.	Sem carência
Pensão por morte: benefício pago aos dependentes do aposentado ou trabalhador que exercia atividade urbana, cujo valor é dividido entre todos os dependentes.	Sem carência
Auxílio-reclusão: benefício pago à família do segurado enquanto ele estiver recolhido à prisão e enquanto nesta permanecer, em regime fechado ou semiaberto.	Sem carência

Fonte: Brasil [[20--]].

Há pessoas que optam por não contribuir para a Previdência Social porque pensam apenas no dinheiro de que estarão abrindo mão naquele momento. Contudo, o que acontece se elas vierem a precisar da previdência antes do que esperavam? A aposentadoria pode estar longe, mas a necessidade de contar com outros benefícios como, por exemplo, salário-maternidade ou auxílio-doença, pode chegar mais rápido.

Por isso, vale a pena aprender a pensar de modo intertemporal, isto é, entendendo que decisões tomadas no tempo presente afetam o futuro, da mesma forma que certas situações vividas no presente são consequência de decisões tomadas no passado.

Do ponto de vista financeiro, o desejável é que haja contribuições recolhidas pelo governo em valor igual ou superior ao que ele gasta com a Previdência Social. Gastar mais do que arrecadar significa uma situação deficitária e, quando isso acontece, a sociedade e o governo precisam pensar como irão reequilibrar as contas. Por isso, cada um de nós – pessoas e empresas – faz parte do equilíbrio dessa balança. Ao recolhermos as devidas contribuições, estamos fazendo a nossa parte na sociedade e com esse pacto evitamos os problemas causados pela sonegação.

Os assalariados já têm a sua contribuição descontada diretamente de seu salário. Nesse caso, há uma contribuição do trabalhador e outra do empregador. Autônomos, profissionais liberais e empresários devem se informar a respeito de suas respectivas contribuições e mantê-las em dia.

A Previdência Social é organizada em regimes distintos, ou seja, tem sistemas de recolhimento de contribuições e disponibilização de benefícios próprios.

REGIMES

Regime Geral da Previdência Social (RGPS) - atende aos empregadores, empregados assalariados, domésticos, autônomos, contribuintes individuais e trabalhadores rurais, que são seus contribuintes de filiação obrigatória e contributiva. As políticas seguidas pelo RGPS são elaboradas pelo Ministério da Previdência Social (MPS) e em seguida executadas pelo INSS.

Regime Próprio de Previdência Social (RPPS) - atende ao servidor público do ente federativo que o tenha instituído (dos 5.570 municípios brasileiros e 27 estados, cerca de 2.000 instituíram o RPPS. Os demais são segurados do RGPS). Este regime é contributivo e obrigatório para o ente que o tenha instituído e tem suas políticas elaboradas e executadas pelo MPS.

Regime de Previdência Complementar (RPC) - atende aos trabalhadores da iniciativa privada e aos servidores públicos. Este regime é facultativo, contributivo, contratual e tem suas políticas elaboradas pelo MPS (fechado) e pelo MF (aberto).

Previdência Complementar

Além da Previdência Social, outras medidas podem ser tomadas para aumentar a renda na velhice, como ter uma Previdência Complementar, que é definida como um "benefício opcional que proporciona ao trabalhador um seguro previdenciário adicional, conforme sua necessidade e vontade".

A Previdência Complementar é opcional, ou seja, representa uma alternativa para os brasileiros que desejam ter uma renda extra além daquela fornecida pela Previdência Social quando se aposentarem. Na Previdência Complementar, a pessoa faz depósitos periódicos em uma instituição privada, os quais são investidos de forma a receber retorno financeiro sobre o investimento. Isso significa que, ao final do período contratado, a pessoa recebe um valor maior do que aquele aplicado, em função dos juros recebidos.

No Brasil existem dois tipos de Previdência Complementar: a previdência aberta e a previdência fechada, que se distinguem pela forma de organização dos seus administradores, pelas soluções oferecidas e pela forma de acesso.

A aberta está disponível para quaisquer cidadãos que desejarem contratá-la, é administrada e operada por instituições financeiras e seguradoras e é fiscalizada pela **Susep**.

A fechada é restrita a um determinado grupo de pessoas. Atualmente, elas são permitidas exclusivamente aos empregados de uma empresa, aos servidores da União, dos estados, dos municípios e do Distrito Federal e aos associados ou membros de pessoas jurídicas de caráter profissional, classista ou setorial, que os contrata em conjunto. São administradas pelas chamadas **Entidades Fechadas de Previdência Complementar (EFPC)**, mais conhecidas como fundos de pensão. As EFPC são instituições sem fins lucrativos que criam e administram planos de previdência coletivos. A fiscalização e a supervisão das Entidades Fechadas de Previdência Complementar é feita pela **Superintendência Nacional de Previdência Complementar (Previc)**, uma autarquia de natureza especial, dotada de autonomia administrativa e financeira e patrimônio próprio, vinculada ao Ministério da Previdência Social.

INDO MAIS FUNDO ///

A população brasileira mudou bastante nas últimas décadas. Essa mudança demográfica traz questões importantes para a sociedade, como vemos a seguir.

Brasil, um país de jovens?

Estudos do IBGE (2014) mostram que os brasileiros estão vivendo mais e tendo cada vez menos filhos. O aumento na expectativa de vida dos brasileiros, juntamente com a queda na taxa de fecundidade, mostra que o perfil demográfico da população brasileira está mudando: estamos deixando de ser um país jovem para nos tornarmos um país de idosos.

Em 2012, o IBGE divulgou dados indicando que a expectativa de vida dos brasileiros aumentou, em média, para 74,6 anos (em 1955 era de 50,9 anos). Para os homens, a expectativa de vida passou a ser de 71 anos; para as mulheres, 78,3 anos. Por outro lado, a taxa de fecundidade, ou seja, a quantidade de filhos gerados, vem caindo cada vez mais no Brasil. Na década de 1960, a taxa de fecundidade era de seis filhos por mulher. Em 2010, essa taxa caiu para 1,86 filho por mulher, semelhante à de países desenvolvidos. Esse patamar ficou abaixo do que é necessário para a reposição populacional, o que, para acontecer, é necessário que cada casal tenha dois filhos. Isso significa que a população brasileira tende a diminuir com o passar das décadas e que haverá mais pessoas idosas a receber benefícios com um número menor de trabalhadores para contribuir.

Esses dados e outros estudos, como mortalidade infantil e taxa de mortalidade em idade reprodutiva, são usados pelo Ministério da Previdência para avaliar e propor medidas para o equilíbrio dos regimes previdenciários (contribuições x benefícios).

Em décadas passadas, muitos jovens trabalhavam e contribuíam para a previdência de poucos aposentados, que recebiam o benefício por pouco tempo. A tendência que se anuncia agora é exatamente oposta: menos pessoas jovens trabalhando e contribuindo para a previdência de muitos aposentados, que receberão o benefício por muito tempo.

Essa tendência apresenta desafios que demandam soluções. A grande quantidade de idosos levará a uma maior necessidade de médicos especializados em geriatria, ao estudo de questões de acessibilidade, como a melhoria de acesso a prédios com o uso de rampas e elevadores, a possíveis mudanças no transporte público e mesmo na estrutura de funcionamento da Previdência Social para atender a esse público crescente.

Cada um de nós precisa fazer sua parte nesse pacto com vistas a enfrentar o desafio de proporcionar amparo aos que não podem exercer sua profissão e garantir o seu sustento, tanto aos hoje existentes quanto aos que virão.

Pensar desde já nessas questões e começar a preparar a aposentadoria para o futuro não são ideias de se jogar fora. Afinal, a vida que desejamos viver amanhã depende de decisões tomadas agora e de ações concretas realizadas no tempo presente.

O IBGE divulgou, em 2014, dados sobre renda e condições de vida do povo brasileiro da Pesquisa Nacional por Amostra de Domicílios (PNAD) realizada em 2013.

A pesquisa mostrou, de um lado, que 59,3 milhões de pessoas contribuíam para a Previdência Social, ou 61,9% da população ocupada no período, mais do que os 60,3% de 2012. Por outro lado, dados da PNAD de 2011 (ainda não divulgados para 2013/14) davam conta de que 60,47 milhões de pessoas estavam socialmente protegidas de alguma forma pela Previdência Social. Outros 25,1 milhões estão desprotegidos e recebem menos de um salário mínimo (10,16 milhões) ou mais do que isso (13,98 milhões). Considerando que a expectativa de vida do brasileiro tem aumentado, o número de beneficiários segue aumentando (IBGE, 2014).

Portanto, dificilmente o volume de contribuintes da previdência (a entrada de recursos) superará com vantagem o de beneficiários (a saída), não deixando o sistema com sobra de dinheiro. Por isso, é melhor se planejar tanto para pagar em dia seus impostos quanto para não depender exclusivamente da aposentadoria do INSS no futuro.

Fontes:

http://bit.ly/16iI8aY
http://bit.ly/1spYW4u
http://bit.ly/1GyerxR

Aposentadoria integral e proporcional
http://bit.ly/1ziZ9LL

Carências a cumprir para receber benefícios da Previdência Social
http://bit.ly/1wmE7Mm
http://bit.ly/1w2Sfe0

Déficit previdenciário
http://bit.ly/1smveTG

Expectativa de vida e taxa de natalidade
http://bit.ly/1gwqHRX
http://bit.ly/10iU4XJ

Fator previdenciário
http://bit.ly/1qIP4qR

Previdência Social
http://www.mpas.gov.br/
http://bit.ly/1w2SmGr

Previdência Complementar
http://bit.ly/1IMel9J

Você sabia? – Contribuição da Previdência Social na redução da desigualdade social no Brasil
http://bit.ly/1vLASct

Que tal você utilizar os conhecimentos adquiridos neste tópico para estudar a sua situação e a situação de seus familiares em relação à aposentadoria? Quantas contribuições cada um de vocês já fez para a Previdência Social? Quantas contribuições ainda precisam ser feitas até que se aposentem por tempo de contribuição? Será o caso de aposentadoria integral ou proporcional? Alguém tem direito adquirido à aposentadoria proporcional?

Que tal verificar se alguém da sua família ou da vizinhança já teve que recorrer a algum benefício da Previdência Social: aposentadoria, auxílio-doença, salário-maternidade etc. Como foi isso? As pessoas já contribuíam há muito tempo quando tiveram de recorrer ao benefício?

Que tal pesquisar como é a vida dos aposentados da sua família e da vizinhança? Quais são as suas principais dificuldades?

Você aprendeu a

- Reconhecer os diferentes benefícios disponibilizados pela Previdência Social?
- Diferenciar Previdência Social e Previdência Complementar?
- Perceber as questões que terão de ser enfrentadas com a mudança do perfil da população brasileira?

12

DINHEIRO PÚBLICO: A UNIÃO FAZ A FORÇA

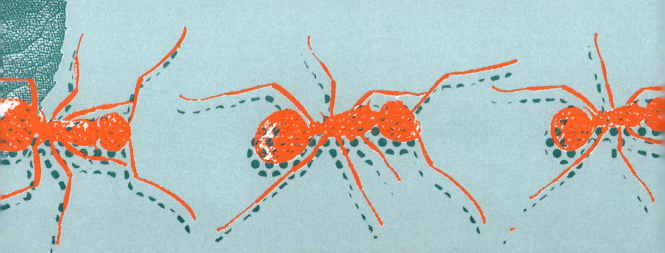

Roberto é o apresentador do programa de rádio que trata dos problemas de quem anda pela cidade. Hoje, ele vai ligar para o Alessandro, ouvinte que mandou uma mensagem com várias reclamações.

– Bom dia, ouvintes da 98,6! Aqui é Roberto Tupinambá e vamos dar início a mais um "De olho nas ruas". Hoje, vamos ligar para o Alessandro, que mandou um e-mail bem brabo da vida!

– Alô!

– Alôu! É Alessandro?

– Depende. Se for da operadora do celular ou da TV a cabo para vender alguma coisa, não é não!

– Ô, Alessandro, aqui é da Radical AM! Você escreveu para a gente!

– Ah, vocês leram! Já tem mais de seis meses que eu escrevi!

– Hehehe… Claro que a gente viu! Mas são muitos e-mails… Então, você diz aqui que trabalha com entregas. Você é motofrentista, é isso?

– Não, não. Sou motoboy mesmo.

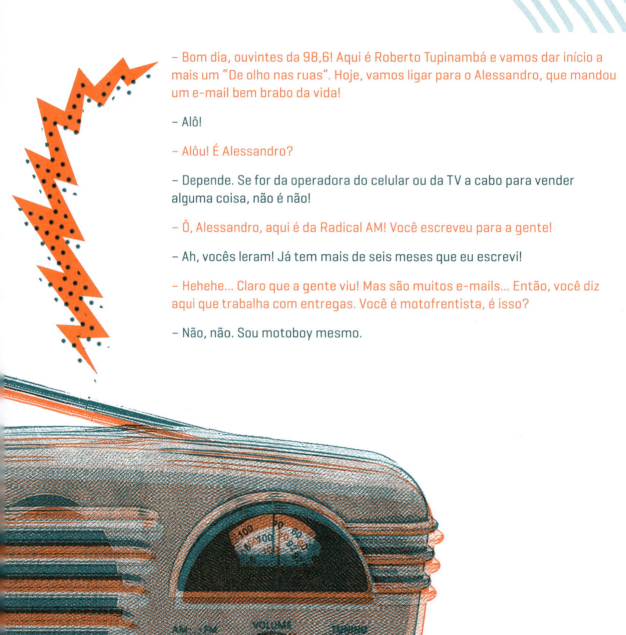

– Claro, claro. E qual é o problema, Alessandro?

– É que eu não sei para onde vai o dinheiro todo que a gente paga de imposto aqui. Essas ruas estão uma buraqueira danada!

– Você acertou, Alessandro! O dinheiro vai justamente para o buraco! Quero dizer, vai servir para tapar o buraco aí na rua!

– Então, não tá servindo, não. Acho que eu vou parar de pagar esse tal de IPVA todo ano. Esse trânsito não anda, a gente só fica parado!

– Como assim, Alessandro? Se não pagar, o governo fica sem dinheiro!

– Antes ele do que eu.

– Mas o governo precisa dos impostos para poder construir escolas, hospitais, pagar professores, médicos...

– Tá certo. Então, acho que eu devia passar a pagar só IPTU pela moto.

– IPTU, Alessandro? Mas IPTU é para casas, apartamentos, imóveis.

– Então. Carro, moto, caminhão, tá tudo "imóvel" aqui nas ruas em que eu ando!

Para ofertar serviços públicos e para cuidar dos espaços públicos, **o governo precisa de recursos, e a principal fonte deles são os tributos**. É isso que Roberto está tentando explicar para Alessandro.

Pense no que aconteceria se certos serviços públicos fossem totalmente privatizados. As forças armadas, por exemplo. Em caso de invasão do país por uma potência estrangeira, o Exército, a Marinha e a Aeronáutica só defenderiam as pessoas que estivessem com seu carnê em dia! E se a polícia e a defesa civil fossem privatizadas e só socorressem as pessoas que estivessem com seu "plano segurança" ou "plano salvamento" em dia?

Espaços públicos

Além de pagarmos tributos, também precisamos fazer a nossa parte, por exemplo, estando atentos à conservação, bem como ao uso dos espaços públicos. Essa maneira de pensar, que articula nossa vida pessoal com questões de ordem social, está na base da educação financeira. Isso porque o bem-estar de cada um tem mais chances de melhorar quando se passa a cuidar, também, do bem comum.

A **conservação dos espaços** públicos é feita com dinheiro que sai do nosso bolso. Portanto, quanto mais cuidarmos desses espaços, menos dinheiro será necessário para mantê-los em boas condições de uso.

Os cuidados básicos aqui são não jogar lixo no chão e recolher as fezes dos cães quando formos passear com eles, porque esse tipo de ação previne que o local se torne um foco de doenças.

Além disso, embora óbvio, vale ressaltar que é preciso repudiar qualquer tipo de depredação, como pichações ou outros atos de vandalismo, e até mesmo denunciá-los ou cobrar ações das autoridades para educar a população na direção da prevenção e para reparar os danos provocados por tais atos.

Diferentes pessoas e veículos têm necessidades diferentes ao transitar nos espaços públicos. Cadeirantes e carrinhos de bebê precisam de rampas de acesso às calçadas, pedestres necessitam de faixas para atravessar as ruas com segurança, ônibus demandam faixas exclusivas para trafegarem mais rapidamente, bicicletas precisam de ciclovias etc.

Para que esses grupos possam circular sem acidentes, é preciso que governos e cidadãos trabalhem conjuntamente, pois os tributos pagos pelos cidadãos custeiam o que o governo precisa construir e sinalizar nesses espaços. Por outro lado, os cidadãos devem circular nesses espaços de modo consciente e com respeito às regras de circulação.

Orçamento público

Se o governo recebe tributos e usa essa receita para fornecer serviços públicos e manter espaços públicos, precisa, assim como nós, organizar as receitas e despesas em um orçamento, chamado orçamento público.

O orçamento público é um instrumento de planejamento para gestão das finanças públicas que organiza, em uma tabela, as receitas (isto é, o dinheiro que entra) e as despesas (quer dizer, os gastos a serem feitos). As principais receitas são os tributos. Tributo é o termo genérico que engloba os três tipos de fonte de receita que os governos recebem dos cidadãos para poderem custear suas despesas: taxas, impostos e contribuições.

Taxas: tributos para os quais há uma vinculação específica, ou seja, o contribuinte já sabe de antemão para qual fim será usado o tributo pago. Por exemplo, a taxa de incêndio deverá ser usada em medidas de prevenção e combate a incêndios, como a manutenção do corpo de bombeiros. As taxas estão relacionadas à fiscalização e licenciamentos em geral e estão organizadas por "competências" em níveis federal, estadual, municipal e distrital. Isto indica a quem compete cobrar determinada taxa. Por exemplo, a taxa de coleta de lixo é de competência municipal.

Contribuições: há dois tipos de contribuição: de melhoria ou social. A contribuição de melhoria é o tributo que ocorre quando o governo faz alguma obra que valoriza os imóveis de um determinado local, como iluminação, arborização, construção ou ampliação de parques ou viadutos, proteção contra inundações etc. A contribuição de melhoria pode ser exigida pela União, estados, Distrito Federal e municípios para fazer face ao custo das obras públicas. Contudo, a sua cobrança é muito incomum. As contribuições sociais são um tipo de tributo que a União pode criar para sustentar serviços de seguridade social. Por exemplo, a Contribuição Provisória sobre Movimentação Financeira (CPMF) foi criada em 1997 para arrecadar fundos para saúde e prorrogada em 1999 para ajudar nas contas da Previdência Social. A CPMF perdurou até 1º de janeiro de 2008, quando deixou de ser cobrada.

Impostos: tributos para os quais não há vinculação específica. Isso significa que o contribuinte não sabe para qual fim o governo usará a receita arrecadada. A lógica é que, para garantir o bem-estar público, o Estado tem o direito de impor esse tributo, daí o nome "imposto". É claro que há restrições legais para esse poder. Os impostos podem ser indiretos ou diretos. Os impostos indiretos estão embutidos nos preços de mercadorias ou serviços, como, por exemplo, no preço do pão ou da mensalidade de um curso qualquer. Com isso, ao adquirir o produto ou serviço, qualquer pessoa paga o mesmo valor de imposto, seja qual for a sua renda. Por sua vez, o imposto direto é pago diretamente ao Estado. É o caso do Imposto de Renda, que varia de acordo com a renda da pessoa.

Muita gente não sabe nem percebe que paga impostos indiretos. Já os impostos diretos são claramente percebidos.

Quando há sonegação (pessoas ou empresas evitando pagar impostos), o governo acaba não conseguindo poder executar o orçamento público a contento. Isso pode resultar em perda de eficiência em setores básicos como saúde, educação e segurança ou em aumento de tributos. Por isso, cabe a cada um fazer a sua parte pagando os tributos devidos e combatendo a sonegação.

O governo destina os recursos, ou seja, faz suas despesas, de acordo com suas prioridades.

Devemos acompanhar o orçamento público para observar como as despesas estão sendo feitas e manifestar nossa opinião como cidadãos.

PORTAL DA TRANSPARÊNCIA

Nesse site podemos acompanhar a destinação de recursos do Orçamento da União, ou seja, como o governo federal está gastando o dinheiro que arrecada com os tributos que pagamos.

OLHO VIVO NO DINHEIRO PÚBLICO

A Controladoria Geral da União (CGU) é o órgão do Governo Federal responsável, dentre outras coisas, por verificar (auditar) as contas do governo. Isso envolve cerca de 5.600 municípios, 27 unidades da Federação e todos os órgãos da administração direta e indireta. Como não há recursos para auditar tudo isso a contento, a CGU criou o programa "Olho vivo no dinheiro público", que tem como objetivo capacitar cidadãos a entender as contas públicas e, depois, colaborar com a fiscalização. Em seu site, a CGU disponibiliza uma cartilha relativa a esse programa; nela encontramos informações sobre como podemos fazer a nossa parte no controle dos gastos públicos.

INDO MAIS FUNDO ///

Atualmente, os principais impostos são o IPTU, o Imposto Sobre Serviços de Qualquer Natureza (ISS), o Imposto Sobre Circulação de Mercadorias e Prestação de Serviços (ICMS), o Imposto Sobre a Propriedade de Veículos Automotores, o IPVA, e o Imposto de Renda (IR).

IPTU: imposto municipal pago pelas pessoas sobre o imóvel de que são proprietárias. Nos imóveis alugados, os inquilinos devem pagar este imposto. O IPTU é pago via carnê e pode ser parcelado.

ISS: imposto municipal que é pago por empresas ou profissionais autônomos ou liberais ao prestarem serviço para alguém. É o caso de médicos, advogados, contadores, consultores, cursos de idiomas, técnicos de informática etc. O imposto deve ser pago por quem presta o serviço. Contudo, muitos municípios determinam que os clientes dos serviços sejam os responsáveis por seu recolhimento e por isso devem descontar seu valor no pagamento feito à empresa ou ao profissional autônomo na emissão do RPA (Recibo de Prestação de Serviço de Autônomo).

ICMS: imposto estadual considerado vital para a receita dos estados. Este imposto incide sobre cada etapa da circulação de todo tipo de mercadoria e de alguns serviços. Em cada etapa deve ser emitida uma nota ou cupom fiscal. O ICMS também incide sobre serviços de transporte interestadual e intermunicipal, de comunicações e de energia elétrica, dentre outros. Na grande maioria dos casos, as empresas repassam este tributo aos consumidores, embutindo-o nos preços finais dos produtos. No caso do ICMS, as mercadorias quase sempre são tributadas de acordo com sua importância social. Assim, artigos de primeira necessidade, como arroz, feijão e legumes, recebem tributação menor do que produtos supérfluos, como cigarros e bebidas alcoólicas.

IPVA: imposto estadual anual devido pelos proprietários de automóveis de passeio ou utilitários, caminhonetes, motocicletas, ônibus, caminhões, aeronaves e embarcações, salvo em situações de isenção ou imunidade. O IPVA pode ser pago via internet ou em agências bancárias, e pode ser parcelado.

IR: imposto federal que consiste em uma percentagem da renda média anual de uma pessoa ou empresa que deve ser entregue ao governo. No Brasil, os assalariados, dependendo de sua renda, sofrem um desconto mensal do imposto de renda em seu pagamento. No ano seguinte, ao preparar sua declaração anual de IR, o contribuinte calcula se deve pagar ainda mais imposto de renda ao governo ou se, pelo contrário, tem dinheiro a receber do governo (devolução). A cobrança do IR é proporcional à renda. No Brasil, temos o Imposto de Renda para Pessoa Física (IRPF), e o Imposto de Renda para Pessoa Jurídica (IRPJ).

CURIOSIDADE

O Brasil perde muito com a sonegação fiscal, ou seja, com o que deixa de ser arrecadado. O valor que se perde com isso é o mesmo que os estados e municípios arrecadam!

O Sindicato Nacional dos Procuradores da Fazenda Nacional (Sinprofaz) desenvolveu um estudo sobre os tributos pagos e a perda fiscal e chegou a valores impressionantes. Segundo a pesquisa, se considerarmos apenas os tributos mais importantes para a arrecadação (ICMS, Imposto de Renda e Contribuições Previdenciárias), a sonegação estimada chega a 10,4% do PIB, o que representaria o valor de R$ 501,9 bilhões, caso seja levado em conta o PIB do ano de 2013. Para se ter uma ideia, todos os estados e municípios do Brasil arrecadaram R$ 502,1 bilhões. Segundo esse mesmo estudo, seria possível reduzir em um terço o peso da tributação e manter o mesmo nível de arrecadação. Ou seja, quem paga R$ 900,00 de tributos poderia estar pagando R$ 600,00. Por conta dessa realidade, o Sinprofaz criou o "Sonegômetro", que é um índice do grau de evasão fiscal do Brasil.

Fonte: Sonegação...(2013).

Bens públicos
http://bit.ly/1GlxzAR

Educação fiscal
http://bit.ly/1sq0MlS

Educação orçamentária
http://bit.ly/1wrHwIx

Espaço público
http://bit.ly/1xdTloD

Evasão fiscal
http://www.quantocustaobrasil.com.br/

Indicadores e fiscalização de serviços públicos
http://www.portaltransparencia.gov.br/

Olho Vivo no Dinheiro Público – Controladoria Geral da União (CGU)
http://bit.ly/1AuiXez

Orçamento público
http://bit.ly/1gcqwf3

Portal da Transparência
http://www.portaltransparencia.gov.br/

Senado Federal
http://bit.ly/1gcqwf3

Tributos
https://www.ibpt.org.br/
http://www.receita.fazenda.gov.br/

CPMF
http://bit.ly/1zj28nn

Você sabia? – Corrupção e sonegação
http://bit.ly/13j0Koz
http://bit.ly/1wrHNvc

Que tal visitar o site do Senado (http://www12.senado.gov.br/orcamentofacil) e assistir a alguns vídeos sobre orçamento público? Você vai ficar surpreso com o quanto vai conseguir aprender sobre esse assunto.

Que tal analisar o seu orçamento e tentar verificar o quanto você está pagando de tributos atualmente? Quais taxas, impostos e contribuições você paga a cada ano?

Você aprendeu a

- Compreender o objetivo dos orçamentos públicos?
- Identificar os tipos de tributos?
- Identificar os principais impostos e qual o destino de cada um?

177

Glossário

Apólice: documento que formaliza o contrato de seguro. Na apólice estão definidos os direitos e as obrigações da sociedade seguradora e do segurado, bem como as garantias contratadas, incluindo o valor da indenização.

Banco Central: é autarquia federal integrante do Sistema Financeiro Nacional, vinculado ao Ministério da Fazenda do Brasil, responsável pela normatização e supervisão das atividades realizadas por várias instituições do mercado financeiro. Entre outras atividades, faz a gestão da política monetária do governo.

Beneficiário (de seguro): pessoa escolhida pelo segurado para receber o benefício do seguro, ou seja, uma parte ou toda a indenização. Pode ser o próprio segurado, por exemplo, no caso de seguro de automóveis, ou outra pessoa, por exemplo, os beneficiários do seguro de vida do segurado.

Cartão de crédito: instrumento que permite que se faça uma despesa para pagamento posterior. A empresa vende o produto ou serviço mediante garantia de recebimento pela operadora do cartão de crédito, a qual, depois, faz a cobrança do cliente. Este pode pagar a dívida integralmente ou parcelá-la junto à operadora, mas neste caso pagará juros. Alguns cartões de crédito também permitem que se façam empréstimos pessoais, sacando o valor em dinheiro sobre o qual, depois, serão cobrados juros.

Cartão de débito: instrumento em geral vinculado a uma conta corrente em um banco comercial. A pessoa digita uma senha ao fazer a transação e o dinheiro é transferido da conta dela no banco para a instituição comercial. O valor da compra sai integralmente da conta do cliente.

Compra à vista: aquisição de um produto ou serviço cujo pagamento é feito no momento da compra.

Compra a prazo: aquisição de um produto ou serviço cujo preço total será dividido em prestações. O preço a prazo costuma incluir o pagamento de juros.

Conselho Monetário Nacional (CMN): órgão superior do Sistema Financeiro Nacional, responsável por formular a política da moeda e do crédito, objetivando a estabilidade da moeda e o desenvolvimento econômico e social do país.

Comissão de Valores Mobiliários (CVM): é uma autarquia federal integrante do Sistema Financeiro Nacional, vinculada ao Ministério da Fazenda, responsável por disciplinar, fiscalizar e desenvolver o mercado de valores mobiliários (o que inclui ações e cotas de fundos de investimentos, além de outros títulos), protegendo os investidores de atos irregulares de outros participantes do mercado, assegurando o acesso a informações necessárias à tomada de decisões conscientes e bem informadas sobre suas aplicações, estimulando a formação de poupanças e a sua aplicação no financiamento de atividades econômicas.

Consumismo: propensão de determinadas pessoas a consumir excessivamente, dando pouca atenção a poupar.

Contribuições (tributos): são de dois tipos: contribuições de melhoria e contribuições sociais. As contribuições de melhoria ocorrem quando o governo faz uma obra que valoriza os imóveis de determinado local. As contribuições sociais podem ser de vários tipos; a mais conhecida é a usada para o custeio da seguridade social: saúde, previdência e assistência social.

Custo de oportunidade: necessidade de fazer escolhas em virtude da limitação dos recursos disponíveis. Isso significa que toda vez que uma pessoa opta por fazer uma coisa estará abrindo mão da possibilidade de fazer outra.

Desejo: impulso que pode levar ao consumo de bens e serviços desnecessários.

Despesas: em um orçamento, é o dinheiro que sai.

Despesas fixas: despesas sempre presentes no orçamento. São despesas cujo montante dificilmente pode ser reduzido.

Despesas fixas com valores variáveis: despesas que ocorrem todos os meses, apesar de seu valor poder variar bastante. Incluem alimentação, luz, água, telefone etc. A sua frequência permite que seu montante seja previsto com razoável exatidão e podem ser reduzidas a parir de análise e planejamento.

Despesas variáveis: despesas com presença inconstante no orçamento. Essas despesas costumam ser de natureza inesperada, como um exame médico, mas podem ser planejadas, como uma viagem.

Empreendedorismo: processo de criar algo novo que tenha valor dedicando o tempo e o esforço necessários para alcançar sucesso e correndo os riscos inerentes ao empreendimento para alcançar as recompensas almejadas.

Entidades Fechadas de Previdência Complementar (EFPC): instituições sem fins lucrativos que mantêm planos de previdência coletivos. Atualmente, elas são permitidas exclusivamente aos empregados de uma empresa e aos servidores da União, dos estados, do Distrito Federal e dos municípios, entes denominados patrocinadores, e aos associados ou membros de pessoas jurídicas de caráter profissional, classista ou setorial, denominados instituidores.

Espaço público: espaços estabelecidos pelos municípios para ficar à disposição de toda a comunidade.

Estimativa: previsão obtida, por meio de um método, do valor de uma despesa ou receita ou de recursos necessários para alcançar um objetivo.

Franquia: limite de participação do segurado nos prejuízos causados por um sinistro.

Impostos: tributos obrigatórios que independem de qualquer contrapartida por parte do governo. Isso significa que o contribuinte não sabe exatamente em que o dinheiro pago nos impostos será investido. O governo tem o direito de "impor" esses tributos, daí o nome "imposto", mas há limites legais para isso.

Indenização: quantia em dinheiro que a seguradora deve pagar ao segurado ou seu beneficiário (por exemplo, seguro de vida) em caso de sinistro que esteja coberto pela apólice.

Indexador: um índice por meio do qual é feita a alteração de um valor. Trata-se de um índice de reajuste.

Índice de inflação: taxa percentual referente ao aumento dos preços dos produtos de determinada cesta para um segmento da população em um período de tempo. Seu cálculo pode envolver o uso de médias e pesos relativos dos produtos que compõem a cesta.

Inflação: aumento generalizado e progressivo dos preços de produtos e serviços em um país.

Investimento: dinheiro aplicado para a ampliação da riqueza e do patrimônio. Os investimentos em aplicações financeiras são remunerados por taxas de juros com o objetivo de aumento da renda futura.

Juros: valor pago sobre o valor tomado emprestado ou recebido sobre o valor investido.

Juros simples: sistema de juros em que as taxas de juros incidem somente sobre o principal e depósitos posteriores, não havendo juros sobre juros.

Juros compostos: sistema de juros em que as taxas de juros incidem sobre o principal e os juros calculados a cada mês. Ou seja, há juros sobre juros.

Meta de inflação: meta estabelecida pelo governo por meio do Conselho Monetário Nacional (CMN) para a inflação anual do país.

Necessidade: algo de que uma pessoa precisa para poder suprir carências básicas.

Orçamento doméstico: ferramenta financeira similar a uma tabela em que, em uma coluna, são anotadas as receitas (dinheiro que entra) e na outra as despesas (dinheiro que sai). Se as receitas são maiores que as despesas, o saldo é positivo ou superavitário. Se as receitas são iguais às despesas, o saldo é nulo. Se as receitas são menores que as despesas, o saldo é negativo ou deficitário.

Orçamento público: ferramenta usada pelos governos para planejar seus gastos de acordo com as receitas que obtêm.

Obsolescência percebida: estratégia pela qual os produtos são projetados para serem rapidamente vistos como desatualizados e descartados.

Obsolescência programada: estratégia pela qual novos produtos são lançados no mercado e que, por meio de um plano de marketing, incentiva-se o seu consumo, mesmo que isto implique jogar fora coisas que ainda são úteis e se encontram em bom estado.

Ostentação: impulso que leva pessoas a comprar coisas para se destacar ou para impressionar outras pessoas.

Preço: o quanto se precisa pagar em dinheiro para obter um produto ou serviço.

Prêmio (de seguro): quantia em dinheiro que o segurado tem de pagar à seguradora para que esta assuma o risco estabelecido.

Previdência Complementar: investimento de longo prazo ao final do qual o trabalhador poderá resgatar integralmente o valor aplicado ou então passar a receber uma pensão mensal. Ela é opcional e privada.

Previdência Complementar Aberta: Previdência Complementar disponível para todos os que desejarem contratá-la; é fiscalizada pela Susep. Existem duas modalidades de Previdência Complementar Aberta: PGBL e VGBL. A tributação do PGBL ocorre sobre o valor de todo o investimento, enquanto para o VGBL a tributação incide sobre o rendimento da aplicação.

Previdência Complementar Fechada: Previdência Complementar disponível somente a determinado grupo de pessoas, sendo vedada ao público em geral. Trata-se das chamadas Entidades Fechadas de Previdência Complementar (EFPC), mais conhecidas como fundos de pensão.

Previdência Social: área do governo responsável pela garantia da renda do contribuinte em caso de velhice, doença, acidente, morte e prisão. É uma previdência pública obrigatória que está disponível para todos os brasileiros e tem como objetivo conseguir que o povo do país em geral tenha uma aposentadoria que lhe permita viver com dignidade e segurança.

Principal: em um investimento, é o dinheiro originalmente investido somado a novos depósitos que você venha a fazer. Em um empréstimo, o principal é o valor originalmente tomado emprestado.

Provisão: reserva de dinheiro para um fim específico.

Receitas: em um orçamento, é o dinheiro que entra.

Receitas fixas: receitas com as quais pode-se contar todo mês para o orçamento e cujo valor não varia significativamente no curto prazo.

Receitas variáveis: receitas que têm presença ou valor inconstante no orçamento.

Receitas variáveis previsíveis: receitas variáveis com as quais a pessoa está acostumada e consegue em parte prevê-las, como comissões de vendas e empregos sazonais.

Receitas variáveis inesperadas: receitas que surgem sem que se possa prevê-las, como prêmios e heranças.

Relação risco x retorno: relação entre o nível de risco percebido em um investimento e sua possibilidade de retorno. Os investimentos mais seguros pagam remunerações menores porque o risco de não obter o retorno previsto é baixo. Os investimentos mais arriscados, nos quais as chances de perda são maiores, oferecem oportunidades mais altas de retorno.

Risco (em investimento): é a chance de não conseguir o retorno esperado.

Risco (em seguro): evento futuro de natureza súbita e imprevista que independe da vontade do segurado, como roubo, acidente, incêndio etc.

Retorno: na relação risco x retorno, o retorno corresponde à remuneração recebida pelo investimento feito.

Segurado: pessoa física ou jurídica em nome de quem se faz o seguro. Ao fazer o pagamento do prêmio, o segurado transfere para a seguradora o risco sobre determinado bem, como automóvel, imóvel etc.

Seguradora: entidade jurídica criada para gerenciar os riscos estabelecidos no contrato de seguro. A seguradora emite o contrato e paga a indenização ao segurado ou a seu beneficiário, se o sinistro ocorrer. Desde que, é claro, o segurado esteja com o pagamento do prêmio do seguro em dia e tenha cumprido as condições do seguro.

Seguro: contrato pelo qual uma das partes (a seguradora) se obriga a pagar uma indenização à outra (o segurado) em caso da ocorrência de determinado risco (roubo, acidente etc.), em troca do recebimento de certa quantia em dinheiro, chamada prêmio de seguro.

Sinistro (em seguro): ocorrência do risco coberto. Durante o período de vigência do plano de seguro, o evento que ocorrer causa a ativação do seguro. O sinistro pode ser total, quando implica a completa perda do bem segurado, ou parcial, quando atinge somente uma parte do bem.

Spread: diferença entre os juros que um banco cobra (em empréstimos e financiamentos) e os juros que paga (em investimentos).

Superintendência Nacional de Previdência Complementar (Previc): órgão do governo responsável pela supervisão e fiscalização das Entidades Fechadas de Previdência Complementar, mais conhecidas como fundos de pensão. O seu objetivo é garantir que os benefícios acordados sejam pagos de forma correta aos participantes desses planos de Previdência Complementar.

Superintendência de Seguros Privados (Susep): autarquia vinculada ao Ministério da Fazenda, responsável pela fiscalização e controle das instituições ligadas ao mercado de seguros, resseguros, Previdência Complementar Aberta e capitalização.

Taxas (tributos): tributo sobre o qual há vinculação entre a sua arrecadação e o seu uso pelo governo.

Taxas de juros prefixadas: taxas de juros cujo valor é conhecido de antemão. Ou seja, as prestações não variam de valor ao longo do tempo.

Taxas de juros pós-fixadas: taxas de juros cujo valor da taxa de juros não é fixo e, portanto, as prestações variam de valor ao longo do tempo.

Valor: importância subjetiva que um produto ou serviço tem para nós.

Valor nominal: valor sem considerar a inflação.

Valor real: valor depois de descontada a inflação.

Referências

ASSAF NETO, Alexandre. **Mercado financeiro**. São Paulo: Atlas, 2009.

BANCO CENTRAL DO BRASIL. **Caderno de educação financeira**: gestão de finanças pessoais. Brasília, DF, 2013. (Conteúdo básico).

BANCO CENTRAL DO BRASIL. UNIBACEN. **Educação financeira**: gestão financeira pessoal. Brasília, DF, [20--]. Material didático de uso interno.

BAUMAN, Zygmund. **Vida para consumo**. Rio de Janeiro: Zahar, 2007.

BETTOCCHI, Eliane; KLIMICK, Carlos. Escrita e leitura através de narrativas e livros interativos. In: COELHO, Luiz Antônio; FARBIARZ, Jackeline Lima; FARBIARZ, Alexandre (Orgs.). **Os lugares do design na leitura**. Teresópolis: Novas Ideias, 2008.

BOVESPA. **Educação financeira**. São Paulo, [20--]. Material didático de uso interno.

BRASIL. Lei nº 8.078, de 11 de setembro de 1990. **Diário Oficial da União**, Brasília, DF, 12 set. 1990. Retificado em 10 jan. 2001.

BRASIL. Ministério da Fazenda. Comitê de Regulação e Fiscalização dos Mercados Financeiro, de Capitais, de Seguros, de Previdência e Capitalização. **Orientações para educação financeira nas escolas**. Brasília, DF, 2009.

BRASIL. Ministério da Previdência. **Carência**. Brasília, DF, [20--]. Disponível em: < http://www.previdencia.gov.br/informaes-2/carencia/>.

CAVALCANTE, Francisco; MISUMI, Jorge Yoshio; RUDGE, Luiz Fernando. **Mercado de capitais:** o que é, como funciona: mercado de capitais/Comissão Nacional de Bolsas. Rio de Janeiro: Elsevier, 2005.

COMISSÃO DE VALORES MOBILIÁRIOS. **Fundos de investimento.** Rio de Janeiro, 2014. (Coleção Cadernos CVM, v. 3).

COMISSÃO DE VALORES MOBILIÁRIOS. **Negociações online.** Rio de Janeiro, 2014. (Coleção Cadernos CVM, v. 5).

COMISSÃO DE VALORES MOBILIÁRIOS. **O que é a CVM**? Rio de Janeiro, 2014. (Coleção Cadernos CVM, v. 1).

DATA POPULAR. **A educação financeira no Brasil**: relatório quali-quanti. [S.l.], 2008.

ESCOLA NACIONAL DE DEFESA DO CONSUMIDOR (Brasil). **Manual de direito do consumidor**. Brasília, DF, 2009.

FERREIRA, Vera Rita de Mello. **A cabeça do investidor**. São Paulo: Évora, 2011.

FERREIRA, Vera Rita de Mello. **Decisões econômicas**: você já parou para pensar? São Paulo: Saraiva, 2007.

FERREIRA, Vera Rita de Mello. **Psicologia econômica**: como o comportamento econômico influencia nas nossas decisões. Rio de Janeiro: Elsevier, 2008.

IBGE. PNAD 2013 retrata mercado de trabalho e condições de vida no país. **Informativo para a Mídia**, Rio de Janeiro, 2014 [capturado em 13 nov. 2014]. Release original publicado em 18/09/14 com dados incorretos. Disponível em: <http://www.ibge.gov.br/home/presidencia/noticias/imprensa/ppts/0000 0018990209192014021726619ll.pdf>.

INSTITUTO NACIONAL DO SEGURO SOCIAL (Brasil). **Aprendendo com a Previdência Social.** Brasília, DF, 2011.

KAHNEMAN, Daniel. **Rápido e devagar**: duas formas de pensar. Rio de Janeiro: Objetiva, 2012.

LOPES, Laura Maria Coutinho; CASANOVA, Marco Antonio. Desenvolvimento de cursos baseados na web: uma proposta metodológica. **Boletim Técnico do Senac**, Rio de Janeiro, v. 31, n. 3, p. 36-49, set./dez. 2005.

MANKIW, Gregory N. **Introdução à economia**: princípios de micro e macroeconomia. Rio de Janeiro: Elsevier, 2001.

MANUAL de educação para o consumo sustentável. Brasília, DF: Ministério do Meio Ambiente: Ministério da Educação: Instituto Brasileiro de Defesa do Consumidor, 2005.

MARSHAL, Thomas Humphrey. **Cidadania, classe social e status**. Rio de Janeiro: Zahar, 1967.

MORIN, Edgar. **Ciência com consciência**. Rio de Janeiro: Bertrand Brasil, 1996.

ORGANISATION FOR ECONOMIC AND CO-OPERATION DEVELOPMENT. **Improving financial literacy**: analysis of issues and policies. Paris, 2005.

PADILHA, Heloisa. **Mestre Maestro**: a sala de aula como orquestra. Rio de Janeiro: Linha Mestra, 2003.

PERRENOUD, Phillipe. **A escola e a aprendizagem da democracia**. Porto: Asa Ed., 2002.

POUPANÇA. Brasília, DF: Caixa Econômica Federal, [20--, capturado em 13 nov. 2014]. Disponível em: <http://www.caixa.gov.br/Voce/poupanca/historia.asp>.

SONEGAÇÃO no Brasil: uma estimativa do desvio da arrecadação do exercício de 2013. **Quanto Custa o Brasil**, [2013, capturado em 13 nov. 2014]. Disponível em: <http://www.quantocustaobrasil.com.br/artigos/sonegacao-no-brasil-uma-estimativa-do-desvio-da-arrecadacao-do-exercicio-de-2013>.

SUSEP. **Guia de orientação e defesa do segurado**. Rio de Janeiro, 2006.

TOLEDO, Denise Campos de. **Assuma o controle das suas finanças**: você feliz com dinheiro hoje e no futuro. São Paulo: Ed. Gente, 2008.

Agradecimentos

Agradecemos a Lucíola Maurício de Arruda, Paulo Cesar dos Santos, Simone Knust Thuler e à Secretaria Nacional do Consumidor (Senacon), do Ministério da Justiça, pela colaboração na validação de alguns conceitos específicos tratados neste livro.

Este livro foi impresso em papel offset 90 g/m² no miolo
e cartão supremo 250 g/m² na capa e composto
nas fontes Breakers Slab e Geogrotesque.